やさしい改善・提案活動の アイデアの出し方
世の中で成功・出世するために

発明学会会長
東京日曜発明学校校長
中本繁実［著］

●自分にふさわしい作品のテーマ「題目」を選ぼう！

　改善・提案で、○○の作品が入賞するためには、１日も早く目標を見つけることです。

　目標を決めることです。そのときは、本当に、得意で知識が豊富なテーマ「題目」を選ぶことです。

　そして、自分で、手作りで、試作品が作れる作品を選んでくださいね。

　その結果、気持ち良くスタートラインに立てますよ。

　そうすれば、○○の作品が、素晴らしいゴール〝入賞〟に到着できます。

　他に気になることがあっても、嫌いなテーマ（題目）を、絶対選んではいけませんよ。

　課題（問題）が見つかっても、課題（問題）の解き方がわからなくて、答えを出せないからです。

　それでは、改善・提案活動が途中でイヤになってしまいます。

　そこで、毎日、ワクワク、ドキドキを体験してください。素晴らしい課題（問題）を見つけるために、〝Ｕターン思考〟をくりかえすのです。

「Ｕターン思考」は、とても簡単な方法です。なぜ、簡単か、というと多くの人がある現象から腹が立ったり、悩んだりするからです。

　世の中が進めば進ほど、〝ああ、良かった〟といった感情は少ないです。

　逆に、あああーいやだ、ああー面倒だ、腹が立つ、……、といった不快情緒の方が圧倒的に多いです。

　会社でだって、家でだって同じです。１日中、ああ楽しかった。……、ということよりも、不平、不満、立腹、心配の方がずっと多いでしょう。

　そういった体験をしたときに、どうしたら、腹が立たないようになるか、どうしたら腹が立たなくなるか、……、とＵターン的に考えればいいのです。

　そうすれば、多くの課題（問題）が見つかります。

　その中に、知識が豊富で、自分にふさわしい作品のテーマ「題目」が含まれています。それを選べばいいのです。

　だから、〝まさか〟がおこったら、必ず、それをとらえて〝なぜ〟と疑問を投げかけてみることです。

この手法のききめは、素晴らしくて、大きな効果が得られます。

●人はだれでも、大好きなことなら、毎日、学習します

歌はだれでも歌えます。しかし、上手く歌うためには学習（練習）が必要です。

スポーツでも、絵画、書道、芸能でも、すべて、そうです。学習をしなくて、一流になった人はいません。それと同じです。会社の役に立つ、改善・提案、売れるアイデアを出すには、絶対に学習が必要です。

学習をしなくて、あるいは、単なる思いつきで、ヒラメキで、有益な発想、アイデアは決して生まれてきません。

そこで、今回、強制的に、しかも、楽しく学習ができて、やさしい改善・提案活動ができるように、本を書きました。それが本書です。

毎日、5分間でいいです。はじめから、毎日、30分学習しましょう。

……、といっても、それは、とうてい凡人にはできないでしょう。

わずか、5分なら、飲み会から帰った日でも、辛抱して学習はできるでしょう。

その5分間が、毎日、そして、3カ月も、6カ月も続けば、すべてのことが、必ず、なしとげられるでしょう。

まず、本書を読んでください。次に、そこから、アイデアを連想してください。それで、学習ができます。

ところが、人間というのは、いったん熱中しだしたら、5分で学習をやめることはしません。、

それは、考えることが人間の本能だからです。考えることが、面白いからです。そのときは、30分でも続けられます。

そうして、本書の空白欄【メモ・ＭＥＭＯ】がまっ黒になるほどに、新しい発想を書き込んでください。今度は、それを、手作りで、試作品を作り、実験（テスト）をしてください。すると、あなたは、会社において、改善・提案の作品が認められ、いつでも、入賞できるようになっています。

それが本書の効果です。

はじめに

　どこの会社でも、改善・提案活動が行われています。

　ある会社は、「1人1カ月1案」を目標に掲げています。

　ある会社は、「1人1年間15件」を目標にしています。

　一方、改善・提案活動のやり方がわからない。

　量（件数）が出なくて困っている。

　……、という会社もあります。

　この傾向は、中小企業に強いようです。管理者、担当者がやっきになっても、「笛吹けどおどらず」で、効果が出ないのです。

　これは、3つの要因があります。

　1つは、改善・提案制度に関する社員教育が欠けていて、ただやみくもに、「改善・提案を出せ」と社員に要求するからです。

　目的、意義の重要性も知らされていないのに、熱心に活動をする社員はいません。

　また、社員は、こんなに忙しいのに、なぜ、改善・提案を出さなければならないんだ。……、考える時間がもったいない、……、といいます。

　これが2つ目の原因です。

　3つ目は、〝改善・提案は難しい〟と思い込んでいる人が多いことです。

　それが、大きなブレーキになっています。

　だから、アイデアが出ないのです。

　このような雰囲気が社内にただよっている限り、改善・提案活動は上手くいきません。

　経営者、管理者と、従業員の間に横たわる垣根を取りはらわない限り、活性化は期待できません。

　それぞれの立場を理解してこそ、はじめて改善・提案活動が生きてくるのです。

　改善・提案活動を成功させる基本のルールはないか。

　……、各社で、いま、求められているのは、このような手引書です。

　この「やさしい改善・提案活動のすすめ方」は、そういった課題（問

題）にこたえるために、多くの企業で共通して行われている活動の中から、これだけ理解しておいてほしい。……、ということを選び出して、わかりやすく説明したものです。

しかし、これを絶対に守らなければならない。

……、というのではありません。

こうした基本的なルールを知ったうえで、活動の方法に創意工夫を加えてください。

そうすると、改善・提案活動が一層上手くいくようになるでしょう。

そして、本書から、改善・提案をすることは、会社のためでも、上司のためでもなく、自分自身のためだ。……、ということを学んでください。

そうすれば、これからの活動がより楽しくなります。

そして、本書を読みながら、思いついたアイデアは、必ず本書の中の余白にメモしておくことです。

そのとき、つまらないかも、と思ったアイデアでも、ヒラメキでも、メモしておくことです。

そのメモがアイデアを貯金したことになります。

そのメモから、いつか、素晴らしい改善・提案が生まれます。

さあー、やってみましょう。それが楽しい〝もとでいらず〟の財産づくりです。

本を読み終わったとき、【メモ・ＭＥＭＯ】が 30 個も、50 個もできたら、あなたはどうなっているか（!?） そのときが楽しみです。

そのときの、嬉しいお便り、お待ちしています。

本書を出版するにあたり、だれにでもわかりやすくまとめるためのご助言をいただきました、門下生の はるな えみさん に心よりお礼を申し上げます。

大切なところは、何度も繰り返し説明しています。全体の説明が少しくどくなっている点があるかも知れませんがご理解ください。

平成 30 年 11 月 21 日

中本 繁実

もくじ

はじめに ……………………………………………………………………… 4

第1章　会社の改善提案で入賞するための答えが見つかる
　　　　　8つの「チェックリスト」……………………………………… 11

1．その〝だめだ！〟は、改善・提案の原点 …………………… 12

2．入賞の答えが見つかる8つのチェックリスト ……………… 14

3．入賞の答えが見つかる
　　「○○」を「○○」に使えないか、と考える方法 ………… 16

4．「○○」から入賞のヒントが借りられないか、と考える方法 ……… 19

5．入賞の答えが見つかる
　　「○○」を「○○」にかえてみたらどうか、と考える方法 ………… 21

6．入賞の答えが見つかる
　　「○○」を「大きく」したらどうなるか、と考える方法 ………… 24

7．入賞の答えが見つかる
　　「○○」を「小さく」したらどうなるか、と考える方法 ………… 26

8．入賞の答えが見つかる
　　「○○」と「○○」を取りかえたらどうか、と考える方法 ………… 29

9．入賞の答えが見つかる
　　「○○」と「○○」を逆にしてみたらどうか、と考える方法 ……… 32

10．入賞の答えが見つかる
　　「○○」と「○○」を組み合わせたらどうか、と考える方法 ……… 34

11．入賞の答えが見つかる
　　「具体的なチェックリスト」を活用しよう ………………… 36

12．入賞の答えが見つかる
　　「チェックリスト・5W1H法」を活用しよう ………… 40

13．会社の新製品の開発のプロセス ……………………………… 44

6

もくじ

第2章　最初は、できることからはじめよう ……… 49
1．身近なところで、考えてみよう ……… 50
2．改善・提案はだれにでもできる ……… 51
3．入賞の答えが見つかる「健康器具の分野」……… 53
4．入賞の答えが見つかる「乗物の分野」……… 56
5．入賞の答えが見つかる「文具・事務用品・学習教材の分野」……… 57
6．入賞の答えが見つかる「趣味の分野」……… 58
7．入賞の答えが見つかる「ユーモアの分野」……… 60
8．入賞の答えが見つかる「赤ちゃん用品の分野」……… 63
9．入賞の答えが見つかる「台所用品・キッチン用品の分野」……… 64
10．入賞の答えが見つかる「調理器具の分野」……… 66
11．入賞の答えが見つかる「履物の分野」……… 68
12．入賞の答えが見つかる「ハンガー用品の分野」……… 70
13．企業の改善・提案の入賞のヒントと審査の基準 ……… 72
14．するどい観察は「WHY　AND　WHAT」……… 77
15．その思い〝本気度〟が強ければ試作品は作れる ……… 78

第3章　改善・提案は、毎日、楽しく過ごせる大きな夢がある ……… 83
1．アイデア発想は、人生を楽しく、明るくする ……… 84
2．入賞の答えが見つかる
　　「プラス発想」は、すべての成功のもとになる ……… 85
3．ものの見方、考え方を少し変えれば、
　　入賞の答えが見つかる、悩みも簡単に解消できる ……… 86
4．まて、まて、すぐにあきらめてはいけない
　　上手く解決できる、入賞の答えが見つかる方法がある ……… 87
5．何か、変だ、と思うところが、
　　入賞の答えが見つかる、改善・提案の源 ……… 90
6．素晴らしい、と感動したとき、
　　入賞の答えが見つかる、メモを取ろう ……… 93

7

7．入賞の答えが見つかる
　　「Ｐ・Ｄ・Ｃ・Ａ」のすすめ ……………………………………… 96

8．入賞の答えが見つかる
　　「ブレーン・ストーミング法」を利用しよう ……………… 97

9．入賞の答えが見つかる
　　「ブレーン・ストーミング法」の実行方法 …………………101

10．入賞の答えが見つかる
　　「ゴードン法」を利用しよう …………………………………103

11．入賞の答えが見つかる
　　「非分割結合法」を利用しよう ………………………………105

12．入賞の答えが見つかる
　　「分割結合法」を利用しよう …………………………………107

13．入賞の答えが見つかる
　　「飛躍結合法」を利用しよう …………………………………108

14．入賞の答えが見つかる
　　「水平思考法」を利用しよう …………………………………109

15．入賞の答えが見つかる
　　「欠点列挙法」を利用しよう …………………………………109

16．入賞の答えが見つかる
　　「願望列挙法」を利用しよう …………………………………111

第4章　改善・提案も、発明・アイデアも取り組み方は同じ ………113
　1．日日の生活を、改善・提案、発明・アイデアでさらに楽しく………114
　　【改善・提案事例・1】………………………………………………116
　2．あなたの「優しさ」がお金「財産」になる ……………………117
　　【改善・提案事例・2】………………………………………………120
　3．〝思いつき〟を〝なるほど〟にしよう ………………………121
　　【改善・提案事例・3】………………………………………………123
　4．人間の源泉は、頭脳「発明力」…………………………………125
　　【改善・提案事例・4】………………………………………………127

5．○○の作品、人のため、世の中のために考える ───── 128
　　　【改善・提案事例・5】 ─────────────── 130
　　6．思いつきのヒントは、質より量を ─────────── 132
　　　【改善・提案事例・6】 ─────────────── 134
　　7．生活感のある○○の作品 ──────────────── 135
　　　【改善・提案事例・7】 ─────────────── 137
　　8．最初は、60点、70点の作品をめざそう ─────── 139
　　　【改善・提案事例・8】 ─────────────── 141

第5章　カタイ頭をほぐしてくれる中本 繁実の講演会
　　　はじめて学ぶ「特許」 ──────────────── 143

第1部・前 編
　　1．仲がいい「産業財産権」と「著作権」は、「知的財産権」 ───── 144
　　2．「知的財産権」は、私たちの生活の中にある ────── 149
　　3．得意で、大好きなこと、だから元気が出る ────── 156
　　4．説明図「図面」と説明文「明細書」にあらわそう ──── 158
　　5．やさしいあなたの○○の作品を守る「知的財産権」───── 164
　　6．有形な「財産」と無形な「財産」────────── 165
　　7．○○の作品を創作した、という事実を残そう ───── 167
　　8．私の方が○○の作品を先に考えたのに ─────── 169

第2部・後 編
　　1．○○の作品の内容によって、保護のしかたも違う ──── 171
　　2．著作権と特許権は、別々の権利 ─────────── 174
　　3．たまたま同じ創作物ができたとき、その権利は ──── 175
　　4．商品のカタログの「印刷物」は著作権 ─────── 176
　　5．最初の作品が、形「製品」になるのは難しい ───── 178
　　6．人がヒントにしてくれるものを ─────────── 181
　　7．著作権は、独創性の程度が問題 ─────────── 184

8.「著作権」を利用するときのポイントは ……………………………… 186

9. 商品の説明書を作成するときのポイントは ……………………… 188

あとがき …………………………………………………………………… 189

第1章

会社の改善提案で
入賞するための答えが見つかる
8つの「チェックリスト」

1．その〝だめだ！〟は、改善・提案の原点

● 小さな思いつき、ヒラメキからスタートする

　あなたは、毎日のように、ふと素晴らしい○○の作品を思いついた。
　……、とかいって、ワクワクしながら、小さな喜びを感じていませんか。
　たとえば、台所のまな板の水切りが簡単にできるといいのに、……、と考えていた人が、そうだ、自転車のスタンドのように立てられるように工夫すれば、便利だ！　……、といった作品を思いついたとします。

◆ スタンド付きまな板

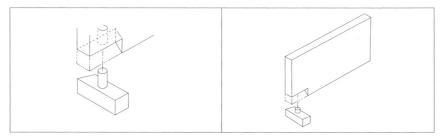

　でも、いままでは、その小さな思いつき、ヒラメキをどうすればいいのかわからなくて、その場限りで忘れ、捨てていませんでしたか。
　ところが、その、思いつき、ヒラメキには、大変な幸運がかくされているかも知れませんよ。だから、簡単に捨ててはいけないのです。あきらめてはいけないのです。

● 前向きに実行すればお金「財産」になる

　では、さらに、次の素晴らしい小さな思いつき、ヒラメキは、どうすれば引き出せるのか。それが役に立つのか。
　もっと内容を深めるためにはどうすればいいのか。
　それを前向きに実行すれば、その道筋は楽しく生きがいがあるのか。
　近い将来、お金と名誉がついてくるのか。
　……、といったようにわからないことばかりだと思います。

第1章　会社の改善提案で入賞するための答えが見つかる８つの「チェックリスト」

　これから、その道筋と定石を一緒に学習しませんか。そして、前向きに実行してみましょう。ここがチャンスです。あなたの○○の作品の思いつき、ヒラメキを形「製品」にして、心もふところも豊かにしましょう。

　でも、その思いつき、ヒラメキにはピンからキリまであります。

　毎日、出てくる、その小さな思いつき、ヒラメキは、そのままでは、残念ですが、改善・提案書にまとめて応募しても入賞しません。

　では、どうすればいいのですか。○○の作品の内容をさらに深めるのです。

　そして、次の作品を楽しみながら創作してください。また、それをさらに研究してください。

　このように、だんだんと内容を深く掘っていきます。そして、頭が痛くなるほど、集中的に考えてください。そうすれば、形「製品」になります。

　恋愛でも、そうだ、と思います。

　思いつきで、そばにいた、○○さんに、大好きです。

　……、といっても、「ハイ」とは、いってくれませんよ。

　素晴らしい結果は、簡単には出ない、ということです。

　だから、そのときの〝だめだ！〟は、発想の原点です。

　そこで、仕事、学習で、かべにぶつかったときは、これから説明する楽しいことを発想する術をたくさん活用してください。

　たとえば、包丁で、ハム、キュウリを切るとき、包丁の側面にくっついてしまいます。上手く取れません。そこで、ハム、キュウリが上手く取れる方法を考えます。

　一つの案は、包丁の側面に数個の孔を開けてみました。

　もう一つの案は、側面に帯状の凸部を付けてみました。

　実験（テスト）をしました。

　すると、間単に、ハム、キュウリが包丁の側面から取れました。

◆ 穴を付けた包丁＆凸部を付けた包丁

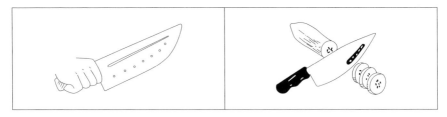

2．入賞の答えが見つかる8つのチェックリスト

● チェックのミスがないように
「チェックリスト法」とは、どんな発想法でしょうか。
「チェックリスト法」は、アメリカの広告会社の社長さんだったアレックス・A・オズボーン氏が考えた有名な発想法です。
　課題（問題）を上手に解決する方法が見つからないときに使います。
　項目に照らして考えると、素晴らしい作品が浮かびやすくなります。
　そこで、読者のみなさんも発想力を高めるため、売れる商品を誕生させるために、この方法を試しに使ってください。
「チェックリスト法」は、「プラス面」も、「マイナス面」もあります。
　それでは、最初に、チェックリストの「メリット」、「デメリット」を紹介しましょう。

◆ メリット

□ ① 大切な点を見落とすことがなくなります。
□ ② 連想の動きが増大します。

第1章　会社の改善提案で入賞するための答えが見つかる8つの「チェックリスト」

◆ デメリット

□ ① その決められた範囲内で考えてしまうおそれがあります。
□ ② それに頼りすぎて自発的に考える習慣を失いやすくなります。

　チェックリストには、前記のような「デメリット」もあります。

　読者のみなさんは、この「チェックリスト法」を、「プラス発想」に活かせる点を、たくさん活用してほしいです。

　発想力を高めるため、形「製品」にできるヒントをつかむために活用するといいと思います。

　マイナス面が気になる人は、マイナスドライバー（マイナス面）をやめて、プラスドライバーだけを使うようにするといいかも知れませんよ (!?)。

　電池は、「＋」と「－」でバランスを取っていますけどね。

　余談ですが（１１月１１日）「十一・十一 (プラスマイナス・プラスマイナス)」は、電池の日です。

「デメリット」のチェックリスト法は、企業は別として、創作者（発明者）は、自分の○○の作品が一番素晴らしいと思っているケースが多いです。

　だから、リストを作るのは難しいかも知れません。

　そういうときは、他の人（第三者）、たとえば、彼女 (彼) に評価してもらうといいかも知れませんね。

「チェックリスト法」には、たくさんのチェック項目があります。

　その中で、改善・提案の創作活動に、活用できる代表的な８つの項目を紹介したいと思います。改善・提案の入賞の答えが見つかります。たくさんのヒントがあります。さっそく、活用しましょう。

◆ 入賞の答えが見つかる８つのチェックリスト

□ ①「○○」を「○○」に使えないか。
材料、製品、廃品などについて、新しい使い方を考える方法です。
□ ②「○○」からヒントが借りられないか。
○○の課題（問題）と似たものからヒントを借りてくることです。

□ ③ 「〇〇」を「〇〇」にかえてみたらどうか。 　　物の形、色などをかえてみることです。
□ ④ 「〇〇」を大きくしたらどうか。 　　大きくしたり、何かをつけ加えたりすることです。
□ ⑤ 「〇〇」を小さくしたらどうか。 　　軽くしたり、薄くしたり、短くしたり、小さくすることです。
□ ⑥ 「〇〇」と「〇〇」を取りかえたらどうか。 　　材料をかえたり、順序をかえたり、配列をかえたりすることです。
□ ⑦ 「〇〇」と「〇〇」を逆にしてみたらどうか。 　　「前と後」、「左と右」、「上と下」を逆にしてみることです。
□ ⑧ 「〇〇」と「〇〇」を組み合わせたらどうか。 　　素晴らしい作品が思い浮かばないときは、「A＋B＝C」のように、違うものを組み合わせてみることです。

　それでは、「チェックリスト法」の項目、一つひとつをだれにでも簡単に活用できるように、紹介しましょう。

3．入賞の答えが見つかる
　　「〇〇」を「〇〇」に使えないか、と考える方法

　「〇〇」を「〇〇」に使えないか、……、と考える方法は、とても便利です。効率良く使えます。

　たとえば、ここに、小さな事務用のクリップがあります。そのクリップの新しい用途を考えてみましょう。

　小さなクリップを見てください。みなさんは、このクリップをどのように使いますか。いままでと違う使い方（用途）を考える課題（問題）です。

　あなたが思いつくものを書いてください。

□「**クリップ**」を「**ヘアピン**」、「**ネクタイピン**」

たとえば、「ヘアピン」、「ネクタイピン」などです。

この考え方は、新しい作品（新製品）を生み出すときに活用できます。

たとえば、材料、製品、廃品などについて、○○を○○に使えないか、……、と考える方法です。

次のように考えることです。

□ ①「自動車の古タイヤ」は、「校庭の遊び用具」に使えます。
□ ②「缶ビール、ジュースの空き缶」は、「貯金箱」に使えます。

このようにヒントはたくさんころがっています。

突然ですが、ビールを飲むとき、ビン（瓶）にしますか、缶（お燗）にしますか。

……、缶にします。感（缶）がいいでしょう。

仲のいい２人は、古タイヤに座って、いつも、一緒にイタイヤといって、会話を楽しんでいるのでしょうネ。

素晴らしい「発明・アイデアライフ」を１日も早く実現するためには、テレビ、新聞、雑誌などで新製品の広告を見たら、インターネットでチェックしたり、パンフレットなどを取り寄せることです。

その新製品のいいところをたくさん見つけることです。

発明家は、何でも興味をもって、日頃から注意深く観察し、行動していれば、作品を形「製品」にできるヒントが見つかるものです。

「○○」を「○○」に使えないかなあー、……、といったことを自分に問いかけてみてください。

すると、そこから新しい作品（新製品）が生まれます。

それでは、練習してみましょう。

◆ まっすぐなキュウリが作れる矯正具

　Ａさんは、料理屋さんです。毎日、料理に使うためキュウリを何本も買っています。
　そのとき、料理がしやすいようにまっすぐなキュウリを選んでいます。
　ところが、これは曲がったものと比べると値段がウンと高くなります。
　そこで、値段が高くならないように簡単な器具を使って曲がらないキュウリが作れないか。……、カッコ良く研究をはじめました。
　最初は、キュウリの下に石をぶら下げてみました。
　それで、キュウリの形は、まっすぐになりました。ところが石が重すぎて、ツルが切れそうになって失敗しました。
　次は、竹筒をもってきてキュウリが小さいとき、その中に入れて生育させてみました。
　この方法も、形は上手くできました。全体の成績も良かったと思います。
　でも、問題がありました。それは、日光が当たらないことです。
　それで、白いキュウリができてしまいました。
　そこで、さらに考えました。

□「パイプ」を「矯正具」

　今度は、透明な塩化ビニールのパイプを買ってきました。パイプを吊るし、その中にキュウリを入れて、成長させる方法を試してみました。
　すると、キュウリは矯正されました。その結果、美しく、まっすぐな形になりました。
　しかも、日光も十分に当たります。だから、生育したキュウリは青々としています。
　このように、○○を他に使い道はないか、……、と考えると、「まっす

ぐなキュウリが作れる矯正具」のような新しい作品（新製品）が生まれます。

4.「〇〇」から入賞のヒントが借りられないか、と考える方法

「〇〇」からヒントが借りられないか、……、と考える方法は、その課題（問題）と似たものから、ヒントを借りてくる方法です。

初歩の人が新しい作品（新製品）を考えるとき、良く活用している考え方です。

たとえば、雑談中に、「〇〇」のそのヒントいただき、……、と良く聞くと思いますが、それと同じです。

□「洋酒」から「日本酒、焼酎のオンザロック」

具体的には、「洋酒」からヒントを得て、「日本酒、焼酎のオンザロック」を作りました。

□「自転車のスタンド」から「まな板を立てるスタンド」

「自転車のスタンド」からヒントを得て、「まな板を立てるスタンド」を作りました。

このように、いろいろなものを観察して、課題（問題）を解決するためのヒントにすればいいのです。何でも借用する「能力」を養っておきましょう。

ただし、先輩の作品、考え方をヒントにするときは、相手に迷惑をかけないように心掛けてくださいね。……、お願いします。

◆ マグネットタイプのブックホルダー

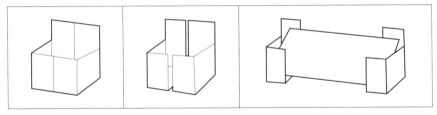

□「吸着盤」、「両面テープ」を「マグネット」

　いままで、台所の商品といえば、その容器などを取り付けるために、多くの商品が吸着盤、両面テープを使っていました。

　それは、価格が安いからです。

　ところが、欠点があります。吸着盤は、取り付ける場所がきれいでないとはずれて落下してしまうことです。

　また、長い時間使っていると空気が入って突然落下してしまうこともあります。

　両面テープは、容器などを取り付ける場所が固定されることです。

　それでも、安価で、手軽だ、ということもあってやむをえず買って使っています。

　最近の台所を見てください。冷蔵庫の大型化、炊飯器などをのせるスチール製の家具だとか、電子レンジなどの普及でマグネットが使える場所が増えました。

　そのため、価格は少々高くなりますが裏面にゴム磁石の付いたマス形の容器などが販売され、良く売れています。

　ます形の容器には、1つ欠点があります。このマスより幅が広いものは入らないことです。その点に着目しました。

□「ブックエンド」を「ブックホルダー」

　そこで、雑誌、料理カードの大きさに自在に対応できるように容器をタテに切って2つに分けました。

　ブックエンドのようにフリーサイズにしたのです。

　こうすると、幅の広いものは、分けられた2つのマスの間隔を開けることによって、どんな広いものでも入れられます。

また、もっと細かく切れ目を入れると、どんな大きさのものにも使えます。

主婦、ＯＬに喜ばれそうな作品です。

5．入賞の答えが見つかる
「○○」を「○○」にかえてみたらどうか、と考える方法

新しい作品（新製品）は、いままでのものに少しだけ変化を加えることによって生まれるものです。

□ ① 物の「形」、「大きさ」をかえたらどうだろうか。
□ ② 「製造過程」をかえたらどうだろうか。
□ ③ 「色」をかえたらどうか。
□ ④ 「音」をかえたらどうか。
□ ⑤ 「香り」をかえたらどうか。
□ ⑥ 「動き」をかえたらどうか。

……、と何でも、「○○」を「○○」にかえてみたらどうか、……、と考える方法を使うのです。

種々の面で、いままでのものに、少し変更を加える習慣をつけると、解決案が生まれます。

たとえば、四角い形の商品があります。「四角」を「丸い形」にしたらどうか。……、と考える方法を使うのです。

□ 円形のバケツの形状をハートの形にしてみました。
□ 固形状のものを紛状物にしました。
□ 固形状のものを液体にしました。

形をかえたら、ヒット商品になりました。次は、

| □ 真っ直ぐなところは、曲げたらどうか。 |
| □ 太いところは、細くしたらどうか。 |
| □ 固形状のものを粉状物にしたらどうか。 |

……、といった調子で考えることです。

「〇〇」を「〇〇」にかえてみたらどうか、……、と考える方法は、初心者でも簡単に実行できると思います。

しかも、それで大きな利益を生む可能性が出てきます。

◆ チェックリスト

〈項　目〉	〈評　価〉 ←良い　　　　悪い→
□ 物の形	5・4・3・2・1・0 確認〔□OK・□NG〕
□ 物の大きさ	5・4・3・2・1・0 確認〔□OK・□NG〕
□ 色	5・4・3・2・1・0 確認〔□OK・□NG〕
□ 音	5・4・3・2・1・0 確認〔□OK・□NG〕
□ 香り	5・4・3・2・1・0 確認〔□OK・□NG〕
□ 動き	5・4・3・2・1・0 確認〔□OK・□NG〕

◆ 拍子木

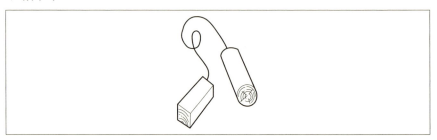

「拍子木」は、「火の用心」の夜まわりをするときに使用するものです。
　その「拍子木」は、「角柱」と「角柱」の木を組み合わせたものです。
　観光地のおみやげ店なので店先に吊るして売っています。
　そのことは、多くの人が知っています。だから、「拍子木」を独占し、製造販売することはできません。
　また、いままでの「拍子木」には、〝使いやすさ〟という面で不便さがありました。
　それは、互いに「角柱の面」と「角柱の面」で打ち合わせて、カチ、カチという音を発します。
　そのとき、「角柱の面」と「角柱の面」が上手く当たらないと、いい音が出ないのです。
　だから、美しい同一音を連続的に発するためには、ある程度の練習と技術が必要になります。

□ **「角柱」を「円柱」**
　そこで、新しい形の「拍子木」を考えました。……、というわけです。
　さらに、だれが使っても、いつでも同一音を簡単に発することができるように工夫しました。
「角柱」と「円柱」の木を組み合わせ、それをひもで結んだのです。
「角柱」と「円柱」の木を組み合わせると、「角柱の面」と「円柱の線」で接触します。
　そうすると、だれが使っても、すぐに、美しい同一音を連続的に発することができるようになりました。……、といった便利な「拍子木」です。

6．入賞の答えが見つかる
「○○」を「大きく」したらどうなるか、と考える方法

　素晴らしいヒント、素晴らしい解決案が見つからなくて、「ウーン」と考え込んだり、悩んだりしていませんか。

　そういうときは、「○○」を「大きくしたら」どうなるか、……、と考える方法を使ってみませんか。

　いまあるものを、5倍、10倍、に大きくしたり、何かをつけ加えたりして、価値、効果の増大を図ろうとする方法です。

　案外と簡単に答えが見つかりますよ。

□「デラックス」、「豪華版」

　普通の商品に対して、「デラックス」、「豪華版」を売り出すのもいいでしょう。

□「キングサイズ」、「徳用の大びん」

　たとえば、「キングサイズ」、「徳用の大びん」を作るのも一例といえるでしょう。

　いや、もっと、

□「長く」したらどうか。
□「広く」したらどうか。
□「回数」をふやしたらどうか。
□「強さ、大きさ、高さ、長さ、厚さ」を「拡大」したらどうか。
□「温度を高く」したらどうか。

　……、と何でも、3倍、5倍、10倍、100倍、大きくしてみることです。

　ルールにしたがって考えていくと、筋道もたってきます。

□「コーヒーカップ」を「カップの形の乗り物」

　コーヒーを飲むカップの形状（デザイン）は美しいです。

　それなら、コーヒーカップの大きさを、50倍、100倍にしてみるのです。

　カップの中に椅子を付けると、この中に子どもが乗れます。カップを動く乗り物にすれば遊園地などで受けるだろうと考える方法です。

それが、いまどこの遊園地でも見かけるカップの形の乗り物です。

□ 大きくしたテニスのラケット

次は、テニスのラケットの話しです。ラケットを大きくしたら球が良く当たるだろう。……、と考えた人もいます。

□ 床（布団）の中から使える電灯の「点滅ヒモ」

床（布団）の中から電灯を点けたり、消したりできるように考えた「点滅ヒモ」の作品もあります。

電灯の点滅ヒモの長さを、2倍、3倍にしたものです。

◆ チェックリスト

〈項　　目〉	〈評　　価〉 ←良い　　　　悪い→
□ 重く	5・4・3・2・1・0 確認〔□ OK・□ NG〕
□ 厚く	5・4・3・2・1・0 確認〔□ OK・□ NG〕
□ 大きく	5・4・3・2・1・0 確認〔□ OK・□ NG〕
□ 長く	5・4・3・2・1・0 確認〔□ OK・□ NG〕
□ 高く	5・4・3・2・1・0 確認〔□ OK・□ NG〕

◆ タコの吸盤

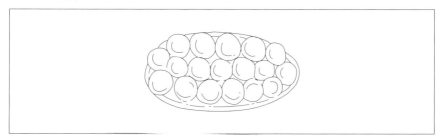

□「大きな吸盤1個」を「小さな吸盤10個、20個に」

　普通の吸盤は、大きな吸盤が1個です。

　ところが、このタコの吸盤は、小さな吸盤が10個も、20個も、タコのようにたくさん付いています。

　だから、小さな吸盤が1つ外れても大丈夫です。

　他のたくさんの吸盤が吸い付いています。だから、外れません。

7．入賞の答えが見つかる 　　「○○」を「小さく」したらどうなるか、と考える方法

「○○」を「小さく」したらどうなるか、……、と考える方法は、いまあるものを、小さくしてみることです。

　5分の1、10分の1に小さくしたら、と考えることです。

「○○」を小さくしたらどうなるか、といった考える方法は、とてもわかりやすいです。利用してください。

□「軽・薄・短・小」

「軽・薄・短・小」といった言葉は、いつまでも生きています。

　多くのヒット商品がこの考え方を利用しています。

　スマートフォン、携帯電話、テレビ、ビールの小びんなどがそうです。

　俳句（17文字）、盆栽、茶室などもそうです。

□「調理の所要時間」を「短く」

　インスタント食品は、「調理の所要時間を短く」しました。

□折りたたみ式にした

　手近なところでは、「折りたたみ式の傘」も、「折りたたみ式のノコギリ」も、みんな小さくしたらどうなるか、……、と考える方法は、「発明

の定石」から生まれたものです。

□**「競技をする面積」を「小さく」**

　ゲートボール競技が中高年の人の間で流行っています。

　ゴルフだと、広大な土地と自然の芝生が必要です。その面積を小さくして、公園などの広場で、できるように考えたのが「ゲートボール」です。

　さらに、このゲートボールを室内でゲーム盤の上でもできるように考えた人がいます。

　これは、ちょうど野球場を小さくして野球盤を作ったようなものです。

□**「カード商品」・「カード食品」を「薄く」**

　最近は、カード商品が流行しています。

　薄く、さらに薄く、……、薄くすることがすべてに取り入れられたのです。

　たとえば、「カードキー」、「カードクリップ」、……、などです。

　食べ物まで「カード食品」になってしまいました。

　このように、カード状にするものはたくさん生まれてくるでしょう。

　軽くするというのは、重さだけではありません。

□**「健康食品」・「○○を少なく」**

「塩を少なくする」、「糖分を少なくする」、……、といった健康食品などもそうです。

　コーヒーを軽くした、アメリカンコーヒーもそうです。

□**手帳に挟めるようにした薄い消しゴム**

　消しゴムは、厚いです。手帳と一緒には持ち歩けません。

　そこで、これを、薄く、薄く、……、といってカッターで切って、手帳にはさめるようにしました。

□**超薄ハム**

　ハムは、厚いから、これをフグのサシミのように超薄くすれば味もかわる。

　……、といった商品も出ました。

　○○を軽くしたら、○○を薄くしたら、○○を短くしたら、○○を小さくしたら、○○の温度を低くしたら、○○を省略したらと、どんなことに

ついても、5分の1、10分の1に小さくしたらどうか。……、と考える方法は、あらゆる分野で使えます。

◆ チェックリスト

〈項　　目〉	〈評　　価〉 ←良い　　　　悪い→
□ 軽くしたら	5・4・3・2・1・0 確認〔□ OK・□ NG〕
□ 薄くしたら	5・4・3・2・1・0 確認〔□ OK・□ NG〕
□ 短くしたら	5・4・3・2・1・0 確認〔□ OK・□ NG〕
□ 小さくしたら	5・4・3・2・1・0 確認〔□ OK・□ NG〕

◆ レモン絞り

　トンカツ、紅茶には、レモンがつきものです。
□「レモンを絞る器具」を「薄く」
　このレモンを絞るときの器具「レモンを絞る器具」を使うこともあります。
　ところが、素手を使うことが多いです。
　そのため、手が汚れます。だから、ハンカチなどが必要です。
　そこで、手を汚さないでレモンを絞るには、……、と考えたのです。
　1枚の薄い紙を円形にして片面にポケットを付けた「薄い円形のポケッ

トを付けた紙袋」です。

　ポケットの底は、カットします。使うときに輪切りにしたレモンをポケットに入れ上部を手前に折り曲げて絞ります。

　するとレモンの汁がカットした部分から落ちてくるというわけです。

8．入賞の答えが見つかる
　　「○○」と「○○」を取りかえたらどうか、と考える方法

「○○」と「○○」を取りかえたらどうか、……、と考える方法は、「取りかえ法」、……、といわれています。

　課題（問題）を解決するための案（手段）が見つからないときは、効果的です。

□「材料」をかえたらどうか。
□「順序」をかえたらどうか。
□「配列」をかえたらどうか。
□「原因」と「結果」をかえたらどうか。

　……、といったように、何でも「○○」と「○○」を取りかえたらどうか、と考える方法です。

□「ひも」と「マジックテープ（登録商標）」

　赤ちゃんのオムツカバーは、昔はひもで結んでいました。

　それをマジックテープ（登録商標）にかえました。

□「吸盤」と「磁石」

　キッチン用品に使っている「吸盤」を「磁石」に取りかえたら、もっと機能的にならないだろうか、と考えることです。

　このように、課題（問題）を解決するとき「○○」と「○○」を取りか

えたらどうか、……、と考えると、簡単に解決案（ヒント）が見つかるのです。

　私なら「○○」を「○○」にする。……、の定石にも「○○」と「○○」を取りかえたらどうか、……、を使うことです。

□「**餅の中のあん**」と「**アイスクリーム**」

　私は、講演で、餅の中にアイスクリームを入れた「雪見だいふく」の話を良くします。

　みなさんに、餅の中のアイスクリームのかわりに、何を入れたらもっと美味しいと思いますか。……、といった課題（問題）を出します。

　すると、次のような答えが出ます。

□「**メロンだいふく**」

「だいふく」に、「メロン」を入れた「メロンだいふく」は、どうですか。

□「**ぶどうだいふく**」

「だいふく」に「ぶどう」を入れた「ぶどうだいふく」は、どうですか。

　……、などです。

　次のように考える方法もあります。

□「**家具の位置**」をかえたら

　主婦は、気分転換をするため「家具の位置」をかえたりしています。

□「**レジの位置**」をかえたら

　ある食品店で、「レジの位置」をかえたら、客の流れがスムーズになったといいます。

◆ チェックリスト

〈項　　目〉	〈評　　価〉 ←良い　　　　　悪い→
□ 材料をかえたら	5・4・3・2・1・0 確認〔□ＯＫ・□ＮＧ〕
□ 順序をかえたら	5・4・3・2・1・0 確認〔□ＯＫ・□ＮＧ〕
□ 配列をかえたらたら	5・4・3・2・1・0 確認〔□ＯＫ・□ＮＧ〕

第1章　会社の改善提案で入賞するための答えが見つかる8つの「チェックリスト」

□ 原因と結果をかえたら	5・4・3・2・1・0 確認〔□ OK・□ NG〕

◆ コーンずし

　お寿司屋さんには、子どもづれのお客さんもいます。
　そして、「チラシずし」を注文する人が多いようです。
　ところが、子どもは、チラシずしを「はし」でも、「スプーン」でも、上手く食べられません。
□「アイスクリーム」と「チラシずし」
　そこで、アイスクリームのコーンに、チラシずしを入れたらどうか。
　……、と考えました。
　そうすると、はしを使わなくても上手く食べられます。
　さっそく、「コーンずし」を作ってみました。すると、子どもが喜ぶだけでなく、大人までがこれはいいといいます。
　さらに、いいことがあります。それは、あと片付けがいらないということです。

9．入賞の答えが見つかる
「〇〇」と「〇〇」を逆にしてみたらどうか、
と考える方法

　何でも「〇〇」と「〇〇」を逆にしてみたらどうか、と考える方法です。

□「前」と「後」を逆にしてみたらどうか。
□「上」と「下」を逆にしてみたらどうか。
□「上」を向いているものは、「下」に向けてみたらどうか。
□「左」と「右」を逆にしてみたらどうか。
□「曲がっているもの」は、「直線形にしてみたら」どうか。
□「立っているもの」は、「横にしてみたら」どうか。
□「熱いもの」は「冷やしてみたら」どうか。

　……、などです。
　課題（問題）を解決するための案（手段）が見つかるものです。
「〇〇」と「〇〇」を逆にしてみたらどうか、……、の考える方法を利用
して、製品になったものもあります。
□　電気ゴタツ
　電気ゴタツを下からではなく、上から温めるようにしました。
□　ブラジャーのホック
　ブラジャーのホックは、後についていました。
　そのホックを前につけてみました。
□　赤ちゃんのオムツハンガー
　赤ちゃんのオムツハンガーは、外側に向いていてオムツを固定するため
ピンチも必要でした。
　それを、逆にして、内側に向けたハンガーを考えました。
　そうすると、ピンチを使わなくても大丈夫です。
「逆も真なり」と、いう数学の定理があります。
　ヒット商品の逆も、また、新しい作品（新製品）が生まれる確率も高く
なりますよ。……、ということです。

◆ 芝を付けたゴルフボール

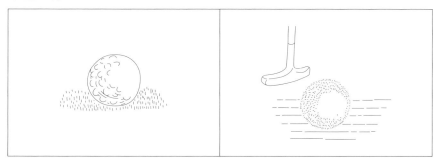

　アイデアの発想法には、欠点列挙法とか、逆転の発想とか、……、いろいろあります。
　Hさんは、ゴルフが大好きです。ときどき、自宅でパターの練習をします。
　ところが、庭に芝生がありません。
　そこで、しょうがないので板の間の廊下で練習をします。
　ところが、ボールがゴロゴロとどこまでも転がってグリーンの感じができません。それで、人工芝の付いたマットを買おうと思ったが数万円もします。
　もったいないです。
　そのときHさんは「逆転の発想」を思いだしました。人工芝を付けたマットは、マットに毛を生やすから人工芝を付けたマットは高くなるのです。
□「人工芝を付けたマット」と「芝を付けたゴルフボール」
　ここで、「逆転の発想」のように逆にボールの表面に毛を付けたらどうか、……、と考えたのです。さっそく試作品を作ってみました。
　じゅうたんの毛をむしって、接着剤でボールの表面に付けてみたのです。すると、毛がブレーキの役目をして廊下でもいい感じがでます。
　この「芝を付けたゴルフボール」をD社が採用して、形「製品」にしてくれました。

10. 入賞の答えが見つかる
　　「○○」と「○○」を組み合わせたらどうか、と考える方法

「○○」と「○○」を組み合わせたらどうか、……、と考える方法はとても大切です。

　創造は、無から有を作ることではないのです。

　既存のAとBをくっ付けてちょっぴりかわったC「A＋B＝C」を作ることだ。……、といわれています。

□「鉛筆」と「消しゴム」

　行き詰まったら「A＋B（鉛筆＋消しゴム）＝C（消しゴムを付けた鉛筆）」のプラス発想で、何でも結合させてみることです。

□「シャープペンシル」と「ボールペン」

　A「シャープペンシル」＋B「ボールペン」を組み合わせたC「シャーボ」も、この考え方から生まれました。

□「穴あけパンチ」と「ホッチキス」

　A「穴あけパンチ」とB「ホッチキス」を付けたら、A「パンチ」＋B「ホッチキス」＝C「パンチキス」が商品になりました。

　カラオケが好きな人は、マイクを握ったら離さない人もいます。

　それなら、マイクに、「マイク＋○○＝○○○○○」

　……。

　読者も、商品になっている「○○」と「○○」を組み合わせた作品を調べてください。

　その後で、「○○」と「○○」をくっ付けてみることです。

　「○○」と「○○」がくっ付かないと思っても、試しにくっ付けてみると

意外にかわったものができるかも知れませんよ。

　それが結合のカギです。この習慣がついたら一人前の発明家です。

　発明家は、いつも自分だったら、「○○と○○を組み合わせてこうする」……、といったように考えてみることです。

◆ マイクを付けたジョッキ&ライトを付けたマイク

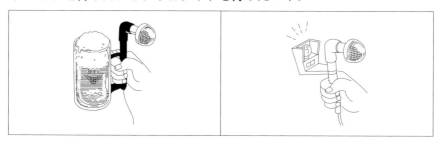

　カラオケのファンはたくさんいます。
□「マイク」と「ジョッキ」
　そこで、マイクを離したくないという人のためにジョッキにマイクを付けた「マイクを付けたジョッキ」を考えたのです。

　それで、歌の好きな人に、ビールを飲みながらどうぞ！　……、と勧められるというわけです。
□「ライト」と「マイク」
「ライトを付けたマイク」は、マイクを握るとみなさん人から見られたい、目立ちたいと思うに違いありません。

　それならもっと目立つようにしよう。……、と考えたのです。

　それが、マイクの横に反射板付きのライトを付けた「ライトを付けたマイク」です。

　マイクを持ってスイッチを押すとライトがついて、自分の顔を照らすのでまさにライトを浴びた歌手のようになります。……、という作品です。

11. 入賞の答えが見つかる
「具体的なチェックリスト」を活用しよう

　私は、「チェックリスト」をもう少し広げてみました。

　大きくするためには、「□ 面積を広く」、「□ 重量を重く」、「□ 形を大きく」、「□ 形を長く」、「□ 半径（直径）を大きく」、「□ 時間を長く」など、手段を集めました。

　さらに、長くするためには、「□ 引き伸ばす」、「□ 継ぎ足す」、「□ 伸縮自在にする」、「□ 折り曲げ自在」にする。

　……、など最終手段まで考えてみました。

　○○を改良しようとするとき、どれがあてはまるか、比べられるようにした「チェックリスト」です。

　この「チェックリスト」は、テーマ「題目」によって、変わってくると思いますが一例として紹介しましょう。

　さらに、これに思いついた手段を書き加えていけば、利用度の広い「チェックリスト」ができると思います。

（1）□ 大きくする（加える）
◆ チェックリスト

〈具体的な手段〉	〈最終手段〉
□ 重くする	□ 形を大きくする □ つけ加える □ 比重をかえる □ 材質をかえる □ 密度をかえる □ 割合をかえる
□ 高くする	□ つけ加える □ 伸縮自在にする □ 屈曲自在にする
□ 長くする	□ 伸ばす
□ 全体の形の拡大	□ 拡大して作る

□ 一部、形の拡大	□ たたいて広げる
□ 面積の拡大	□ つけ加える
	□ 散在させる
□ 半径（直径）の拡大	□ 太くする
	□ 穴を削る
	□ 広げる
□ 時間を長くする	□ 速度を遅くする
	□ 間合いをとる
	□ 間欠運動をさせる
	□ 歯車比をかえる
	□ 回数を増やす

メモ
MEMO

（2）□ 小さくする（省略する）

◆ チェックリスト

〈具体的な手段〉	〈最終手段〉
□ 軽くする	□ 一部を省略する
	□ 形状を小さくする
	□ 比重を変える
	□ 混合比を変える
	□ 数を少なくする
	□ 併用させる
□ 薄くする	□ 削る
□ 短くする	□ ちぎる
□ 低くする	□ 折り曲げる
	□ 折りたたむ
□ 時間の短縮	□ 速度を早める
	□ 連続に行う

	□ 回転を増やす
□ 全体の形の縮小	□ 縮小して作る
□ 一部、形の縮小	□ 圧縮する
□ 面積の縮小	□ 取り去る
□ 半径（直径）の縮小	□ 太さを削る
	□ 穴を埋める

(3) □ **他のものにかえる（逆にする）**

◆ チェックリスト》

〈具体的な手段〉	〈最終手段〉
□ 形をかえる	□ ○⟵⟶△
	□ ○⟵⟶□
	□ △⟵⟶□
	□ 大⟵⟶小
	□ 細⟵⟶太
	□ 直⟵⟶曲
	□ 長⟵⟶短
	□ 正方形⟵⟶長方形
	□ 三角⟵⟶多角
	□ 平面⟵⟶立体
	□ 円⟵⟶楕円
	□ 円錐⟵⟶角錐
□ 素材をかえる	□ 金属⟵⟶木
	□ 金属⟵⟶合成樹脂
	□ 金属⟵⟶陶器
	□ 金属⟵⟶硝子
	□ 金属⟵⟶紙

第1章　会社の改善提案で入賞するための答えが見つかる8つの「チェックリスト」

□ 色彩をかえる	□ 赤→燈→黄→緑→青
	□ 赤←燈←黄←緑←青
	□ 藍⟷紫
	□ 濃⟷淡
	□ 明度⟷色相
	□ 混色
	□ しま模様
	□ 着色⟷焼付⟷噴付
□ 割合をかえる	□ 混合比を変える
	□ 面積比を変える　広⟷狭
	□ 数を変える　多⟷少
□ 状態をけかえる	□ 着⟷脱　浮⟷沈
	□ 暖⟷冷　乾⟷湿
	□ 倒⟷立　縦⟷横
	□ 微⟷粗
□ 位置をかえる	□ 内⟷外　表⟷裏
	□ 左⟷右　高⟷低
	□ 上⟷下

（4）□ 組み合わせてみる

◆ チェックリスト

〈具体的な手段〉	〈最終手段〉
□ 完成品と完成品	□ 完成品と一部品
□ 素材の混用	□ 金属と金属
	□ 陶器と金属
	□ 合成樹脂と金属
	□ 紙と木

（5）□ 分解してみる

◆ チェックリスト

〈具体的な手段〉	〈最終手段〉
□ 全体をバラバラにする	
□ 一部をバラバラにする	□ 等分する □ ゆるめる
□ 一部を取り出す	□ 除外する □ まとめる

12. 入賞の答えが見つかる
　　「チェックリスト・５Ｗ１Ｈ法」を活用しよう

　課題（問題）の答えを考えるとき、ぼんやりといきあたりばったりで考えると、素晴らしい解決案も出てこないものです。また能率も悪いです。
　そこで、１つの「スケール（ものさし）」にそって考えていくと効果的です。
　それが「チェックリスト・５Ｗ１Ｈ法」です。
　文章読本でも記事文を書くときは、

第1章　会社の改善提案で入賞するための答えが見つかる8つの「チェックリスト」

◆　5W1H法

　5つのW、

　W：When（いつ）、W：Where（どこで）、W：Who（誰が）、

W：What（何を）、W：Why（なぜ）、

　1つのH、

　H：How（どのように、どれほど）

◆　5W1H法

□ W	□ When（いつ）
□ W	□ Where（どこで）
□ W	□ Who（誰が）
□ W	□ What（何を）
□ W	□ Why（なぜ）
□ H	□ How（どのように、どれほど）

　……、といった意味の「5W1H法」を使っています。

　新聞記者などは、文章を書くときに、この基本形を最初から徹底的にたたき込まれるそうです。

　新聞記事などは、短文でも、長文でも、そうなっています。そうしないと大事なことを、見落としたりします。また、書き忘れることもあります。

　このチェックリスト法「5W1H法」にしたがってレポートすれば、真相を見つけ出しやすいのです。

　また、読者が求める事項に対して、書き落とすこともありません。

　新製品の開発の技法としては、この「5W1H法」を使うと、課題（問題）が見つかりやすいです。だから、重要視されているのです。

　また、各会社によっては、次のように「5W1H」の順番を変えています。

　または、言葉を変えて使っているところもあります。

◆　具体的な5W1H法

□ W：Why	□ なぜ必要か、なぜそうするのか、理由は

□ W:Where	□ どこに使うのか、場所、位置は
□ W:When	□ いつやるのか、いつ使うのか、時期は
□ W:Who	□ 誰がやるのか、担当は
□ W:What	□ 何にするのか、目的は何か
□ H:How	□ どのようにやるのか、方法は、手段は

具体的な改善のステップは、次のようになります。

□ ① 着眼	□ 問題意識を持って周囲を見回せば工夫と改善の宝の山です。
□ ② 調査	□ なぜ、なぜ、なぜ、そうなのか、と問いかけを繰り返しましょう。 本当の原因は、もっと後ろに隠されているケースがあるからです。
□ ③ 着想	□ なぜ、何、どこに、いつ、誰が、どんな方法でいくらかかっているか、チェックリスト法で考えてみましょう。
□ ④ 選択	□ いろいろな作品を考えて、その中から最善のものを選び出します。
□ ⑤ 改善の実施	□ たとえば、会社なら、上司の承認を得て、実施する内容を事前に関係者に知らせスタッフのアドバイスを受けましょう。
□ ⑥ フォロー	□ 改善の成果を確認し、成果が安定するまで、フォローし、歯止めをし、標準化しましょう。

● **具体的なチェックリスト**

　また、各社、目的によってチェックリストを作って、自社（自分）に都合のいい指針として社員に示して能率化をはかっています。

　たとえば、コストダウンの目的のために、社員が考えやすいように、次のようなチェックリストを作っているところもあります。

第1章　会社の改善提案で入賞するための答えが見つかる8つの「チェックリスト」

◆ チェックリスト

〈項　目〉	〈評　価〉
□（1）この商品にコストは、必要度合に対してバランスがとれていますか。	① □ コスト　□ 高い□ 普通　　確認〔□ OK・□ NG〕 ② □ 必要度　□ 多い□ 少ない　確認〔□OK・□ NG〕
□（2）この商品の形状にムダはないですか。	□ 変更できる □ 変更できない 確認〔□OK・□ NG〕
□（3）もっと安く作る手段はないですか。	□ ある　□ ない 確認〔□OK・□ NG〕
□（4）加工法は、これでいいですか。	□ 変更できる □ 変更できない 確認〔□OK・□ NG〕
□（5）規格品は使えないですか。	□ 使える □ 使えない 確認〔□ OK・□NG〕
□（6）材料費、労働賃金、間接費などのバランスは取れていますか。	① □ 材料費　□ 高い□ 安い　確認〔□ OK・□ NG〕 ② □ 賃金　　□ 高い□ 安い　確認〔□ OK・□ NG〕 ③ □ 間接費 □ 高い　□ 安い　確認〔□ OK・□ NG〕
□（7）メーカー探しは、これでいいですか。	□ 変更できる □ 変更できない 確認〔□ OK・□ NG〕

□「金型」

その他、「金型」について簡単に説明しましょう。

素人の人は、金型が必要な作品か、何個必要か。

金型代が何万円かかるのか、検討するのは、難しいかも知れません。

でも、こういった、簡単な知識も必要だと思います。

金型代は、作品によってかわります。一例を紹介しましょう。

薄手の塩ビ板、紙を切る型で、1万円程度で、できるものもあります。

金物を作るための抜き型、曲形は小型のもので、1つの型で型代は、10～30万円以上かかります。

プラスチック製品の型の型代は、70〜80万円以上はかかります。
ゴムの型の型代は、10万円以上です。
などです。
型代は、型の大きさ、1回で何個作れるか、取る数によっても変わります。

13. 会社の新製品の開発のプロセス

　私が所属している、一般社団法人 発明学会（東京都新宿区余丁町7番1号）の会員の町の発明家の成功とは、〇〇を作品が形「製品」になることです。
　そして、多くの消費者に喜んでもらうことです。
　一方、会社でも多くの消費者が望む新製品を開発することです。
　この2つの文句を合わせると、個人の町の発明家の作品と会社の新製品の開発は同じことだ、といえると思います。
　町の発明家は、プロの新製品の開発の手法を学んでください。そして、活動してください。そうすれば、実施化の効率は、ウンとアップします。
　これから紹介する内容は、家庭用品を扱っている会社の新製品を開発するときのプロセスです。それを紹介します。大いに活用してください。

（1）商品の開発計画
　年2回ぐらい、全国の問屋、小売店を対象にした展示会を開催します。
　そこには、10点から15点くらいの作品を展示します。
　その時期は、春と秋が多くそれに合わせて発表できるように計画し、新

製品を開発していくのです。

（2）情報の収集

　展示会に向けて、□ ○○を開発するか。□ 自社の商品を改良するところはないか。□ いま売れている商品は何か。□ 問屋、小売店が望んでいる商品は何か。□ 外国にはどんな商品が出回っているか。

　……、その周辺にあるヒント、商品を多数リストアップすることです。

　この会議は、企業のトップ、企画、営業、製造の各担当責任者が参加します。会議は、十数回行います。

　その中から完成度の高い作品をピックアップします。

（3）まとめ・会議

　前回の会議で、討議、選択された製品は、企画担当者が、2点か、3点を受けもって、デザイン、モデリングをします。それを再度、会議にかけます。

　製品を選択し、まとめる方法にはいろいろなケースがあります。

　次の「チェックリスト」は、わかりやすいです。

　それを使った「評価」の仕方を紹介します。

● 評価のチェックリスト
◆ 用途などは

□ ① 何に使うのか
□ ② 特色は何か
□ ③ 同じ用途の商品は、従来あるか
□ ④ 消費者はどんな利益があるか

◆ 購買者の対象は

□ ① だれが買うのか
□ ② だれが使うのか
□ ③ 消費者の使用習慣はどうか

45

□ ④ どのくらいの需要数があるか

◆ 技術、権利関係などは

□ ① 産業財産権（工業所有権）の権利は取れるか
□ ② 当社の技術でできるか
□ ③ デザインはどうか
□ ④ 原材料の確保は大丈夫か
□ ⑤ 会社のイメージに合うか
□ ⑥ 販売経路はあるか
□ ⑦ 地域、季節性があるか

◆ 価格は

□ ① コストはいくらぐらいになるか
□ ② コストに引き合うか
□ ③ 販売価格はいくらなら売れるか
□ ④ 類似品、競争品との価格はどうか
□ ⑤ 包装、輸送の問題はないか

（4）外部の意見を聞く

　前回の会議であがった作品は、さらに形状（デザイン）をモデリングします。そして、信用のおける問屋、小売店の店主に、売れそうかどうか、その他の意見を聞きます。それをまとめます。

（5）最終決定

　最終まで残った製品は、□ 原価計算、□ 材料の確保、□ 生産数量、□ 仕上がり時期、……、など、製造進行を確認した上で必要なことを検討します。

　以上のような方法によって製品を決めます。

　それから、□ テスト的に少量作ってみて、□ それを使用し、□ テストをして、□ 金型の修正、製品の欠点、不具合なところの改良を加えて、

本格的な生産に入ります。
　さらに、販売の見通しについて、心配があるときは、大量に生産をしないで見本的に数個ずつ販売先に渡すこともあります。
□ **外部から持ち込まれた作品**
　外部から持ち込まれた作品も、最初、情報を収集します。そして、会議で討議されます。
　そして、検討され合格すれば、最後の会議まで残ります。
□ **　計画から形「製品」にできるまで、だいたい、6カ月から1年**
　このような会議の組織をフルに活動させます。
　計画から形「製品」にできるまで、だいたい、6カ月から1年くらいかかります。
　このように、多くの関係者の人たちが慎重に討議します。そして、形「製品」にしていくのです。

第2章

最初は、できることから
はじめよう

1．身近なところで、考えてみよう

　だれでも、新入社員の頃は、自分の仕事を覚えることに一生懸命で、余裕がなかったでしょう。
　だから、先輩が改善・提案をしているのを見ても、とても自分には、……、としりごみをしたくなります。
　また、私は、小学校のときから、理科、数学は嫌いな科目でした。
　だから、アイデアなんて、とんでもない。……、と思う人もいます。
　しかし、それは大きな間違いです。
　これから、体験しましょう。まず、身近なところで、やさしい、しかも、小さなものからはじめましょう。
　改善・提案活動に、向き・不向きは、ありませんよ。
　仕事の内容、もう少しラクにできるようにならないか。
　……、と考えるだけでいいからです。

| □ ① もっと早くできないか。 |
| □ ② もっと安くできないか。 |
| □ ③ もっと正確にできないか。 |
| □ ④ もっと安全にできないか。 |
| □ ⑤ もっと喜ばれる方法はないだろうか。 |

　このように考えてください。すると、必ず、何か、アイデアが浮かんできます。
　それは、たとえば、作業をするとき、右側のものを、左においた方がやりやす。……、といったような、小さなことが浮かんできます。
　それでいいのです
　その代わり、必ず、思いついたことをきちんとメモしておくことです。

2．改善・提案はだれにでもできる

● なるほど、改善・提案活動は、面白い、楽しい

　改善・提案は、だれでも楽しめます。……、というのが筆者の持論です。ただし、条件が1つあります。

　それは、仕事の内容、もう少しラクにできるようにしたい。……、と思う人じゃないとダメだ、ということです。

　なぜか、というと、仕事に余裕があれば、旅行に行ったり、高価な買い物をしたり、食べ歩きをしたり、……、と他にやることがたくさんあるからです。

　でも、時間も、お金も、余裕があるのでしょう。……、というと気にする人もいるでしょう。

　それなら、仕事の内容、もう少し効率良く処理したい。……、という人なら、改善・提案はだれにでもできます。

　……、といった方がいいかも知れませんね。

　そのうえ、考えることが、面白い、楽しい、という人なら、なお結構なことです。

　一例を紹介してみましょう。たとえば、ジュースを飲むときに使うストローの首のところにはジャバラが付いています。

　それをヒントにして、犬の胴体部分をジャバラにした伸び縮みする貯金箱を考えた人がいます。

◆ 犬の胴体部分をジャバラにした伸び縮みする貯金箱

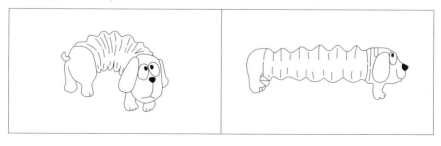

しかも、その貯金箱は形「製品」になりました。○○銀行が採用しました。

このような話を聞くと、〝なるほど〟上手いこと考えたなあー、と多くの人が思うでしょう。……、そして、感動すると思います。

ここで、感動するだけではいけませんよ。

次に、私なら○○を○○にするのになあー、……、と考えることが大切なのです。

そこで、私も、このジャバラを利用して○○の作品を作ってみよう。……、と考えるのです。

……、すると、水筒、メガホンのアイデアなどを思い浮かべるでしょう。

すると、夢が形「製品」になります。だから、将来が楽しくなってきます。

さあー、……、明日といわず、今日、いや、いまからでもすぐにスタートしませんか。

創作した○○の作品が他の人（第三者）には、つまらない作品に見えたとしても大丈夫です。本人は、○○の作品は、1番だ！　最高だ！　と思っています。それで、その人は楽しくて仕方がないのです。

だから、改善・提案活動は、不向き、というのはないのです。

しつこいようですが〝改善・提案活動を楽しもう〟という気持ちさえあれば、だれでも改善・提案はできます。

だから、たとえば、

□ 新しい作品を考えて出世しよう。
□ 新しい作品を考えて人に良く思われよう。
□ 新しい作品を考えて彼女（彼）を引きつけよう。

……、とすべていい方向にもっていこうとすれば、万人の作品が提案・活動で入賞できます。

たとえば、失恋する人は、新しいことを考えないからです。

新しいことを考えれば失恋なんかしませんよ。

なぜなら、相手が喜びそうなことを10も、15も、考えるからです。

彼女（彼）は感激しますよ。

上手くいかないのは、相手が喜びそうなことを考えないからです。

すると、相手が逃げます。逃げるから、また、追っかけます。そこで、ケンカになります。……、このように、悪循環を繰り返すのです。

こういったことは、何も恋愛に限ったことではありません。

仕事だって、アイデアがあれば難局を乗り越えることができます。

私は、学生のとき、理科、数学は苦手だったから、新しい作品（新製品）を考えることは向いていない。

……、と勝手に決めつけている人がいます。

だけど、そんな人は言語道断です。自覚が足りないだけです。

理科、数学の〝でき〟〝ふでき〟と新しい作品（新製品）を考えることとは関係もないし別問題です。

ここに分野別に作品を紹介します。これらの作品をヒントにしてください。

あなたの頭の中に、知識がたくさんつまっているでしょう。ここで、その知識を使ってください。いくら使ってもタダですよ。

その結果、小さな○○の作品が入賞します。すると、改善・提案をさらに、楽しむことができます。

本書を読みながら、これから、何度も〝なるほど〟ということになるでしょう。

3．入賞の答えが見つかる「健康器具の分野」

年齢に関係なく、〝健康〟のことが気になりますよね。たとえば、運動不足、どうすればいいか、だれでも考えています。

書店には、〝○○健康法〟といった本が並んでいます。このようなときは、〝健康〟に関する器具、治療器を考えると、それが流れに乗って、形「製品」になったりするものです。
　そこで、手作りで、試作品を作り、実験（テスト）をしてください。そして、自分で試してみてください。その結果、これは、使いやすい。素晴らしい効果がある。……、と思ったものは、改善・提案に応募してください。入賞する可能性も高いです。
　たとえば、昔からある「青竹踏み」とか、「肩たたき」とか、そうしたものを近代化するのです。そして、もう１度、この世に出してみることを考えるのもいいでしょう。
　さて、あなたは、どんな「健康器具」、……、を作りたいですか。
　迷案、珍案でも結構です。思いついたもの、ヒラメキを書いてください。
そして、改善・提案を楽しんでください。

◆ なるほど「足踏み健康器具」

「図１：丸棒の足踏み棒」　　　　「図２：ソロバン玉式の足踏み板」

ネジ式足裏ローラー

　いま、ストレス社会です。すると、健康産業が幅をきかせます。飽食時代、飽物時代となって、いま、だれでも欲しいものは〝健康〟です。
　そのせいか、作品の中でも「健康器具」をテーマ「題目」にしたものが

あります。

　それも、本格的な「健康器具」というより、「肩を揉むもの」、「指圧具」のような簡単なものです。

　また、磁石を利用した「健康器具」とか、……。

　このように、市場は無限といってもいいでしょう。ちょっとしたヒントから生まれた〇〇の作品は、形「製品」に結びつきます。

　たとえば、青竹を2つに割っただけの「青竹踏み」が、いまでも良く売れています。

　それらをヒントにして、もっと上手い方法はないか、……、といろいろな「健康器具」を考えるといいでしょう。

　そして、いろいろな人が「足踏み健康器具」を考えています。

　「図1」は、丸い棒を組み合わせて作った「足踏み棒」です。

　「図2」は、横棒に大きなソロバン玉をたくさん並べて付けて、足の裏をクルクルと摩擦できるようにした「ソロバン玉式の足踏み板」です。

　「図3」、「図4」は、もっと簡単にできるように考えた「ネジ式足裏ローラー」です。「図3」の長い方が両足用（家庭用）です。「図4」の短い方が片足用（携帯用）です。

　このローラーに足裏を乗せて腰かけたままグルグルと回すとマッサージができる、というものです。

　このように、自分が丈夫になりたい！　……、と思う点を探し出すと形「製品」に結びつきやすいです。

4．入賞の答えが見つかる「乗物の分野」

　自転車、人気があります。それでは、自転車のアクセサリーで人気商品、チェックしてください。
　その次に、たとえば、付属品である「ベル」の工夫、「スタンド」、「荷カゴ」などの改良に、……、チャレンジしてみませんか。
　自動車は、毎年、各自動車の会社が新車を出します。
　快適なカーライフの付属品、調べてみましょう。
　乗る人が喜びそうな○○の作品は、形「製品」になりやすいです。
　車の中に備え付けたい小物ならいくらでも考えられます。
　そこで、自動車に乗っている人は、この車に、何を取り付けたら便利か、……、とまず、自分で、手作りで、試作品が作れる小さなものを1つでも、2つでも考えてみることです。
　自転車、バイクに乗っている人も同じです。
　子どもの三輪車からヒントを得て、主婦の「買いもの三輪車」を作ったらヒット商品になったという好例もあります。

◆ なるほど「自動車用の傘立て」

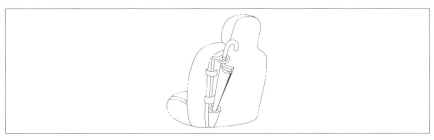

　ドシャ降りの雨の日、自動車に乗ると、車内は傘のしずくで足場が濡れてしまいます。
　そこで、「自動車用の傘立て」を工夫しました。
　支軸の下に水だめ筒を付けて上部をフック状に曲げて柄を留めるようにしたものです。

傘立て以外でも、車内で飲料水の缶、ペットボトルなど、飲んだあと、置き場所に困ったことはなかったですか。

ハンガーは、ゴミ箱は、……。

車内にあれば便利だ！　……、と思うものをあれこれメモしておいて、手作りで試作品を作り、実験（テスト）してみるのです。

5．入賞の答えが見つかる「文具・事務用品・学習教材の分野」

いま、多くの教育ママが夜も寝ずに、子どもの学習に力をかしています。受験のためとはいえ、子どもの教育に力を入れています。

それだけに、受験の助けになるものを工夫すれば多くの人に、たちまち受け入れられるでしょう。

眉をひそめ、声を荒らげて、叱咤激励するだけが教育ではありません。

一歩さがって、どうすれば能率的な学習ができるか、……、そう考えると、自然に文具・事務用品・学習教材の学習用の作品が生まれてきます。

楽しみながら学習できるもの！　……、それができたら、子どもにどんなに喜ばれるでしょうか。

学校の先生、学童をもつ父兄などは、この方面のオリジナル商品を考えてみてはいかがでしょう。

◆ なるほど「五角〔合格〕鉛筆」

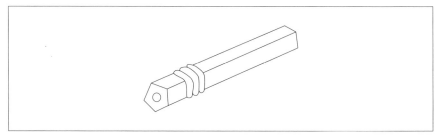

　受験期が近づくと受験生も、親も、目の色がかわります。
　合格祈願に神社仏閣に参り、絵馬に祈りを込めています。
　そこで、鉛筆、ボールペンなどの筆記具に「必勝」という名前「ネーミング」を付けて、これを商標に出願した人がいます。
　〝必勝鉛筆〟を使っているから合格するとは限らないが〝おぼれる者わらをもつかむ〟のたとえどおり、つい〝必勝鉛筆〟を持ちたくなります。
　このように、人は弱さを持っています。
　そこで、「五角〔合格〕鉛筆」を考えた人がいます。
　まず、円い鉛筆を五角形にし、五角〔合格〕を連想させます。
　そして、鉛筆の途中に「ゴムの輪」を付けます。
　すると「すべらない」……、というのです。

6．入賞の答えが見つかる「趣味の分野」

　だれでも、私の趣味は、○○です。……、と話せる、趣味を１つくらいは持っているでしょう。仕事が忙しい人ほど趣味もまた広いといわれています。

園芸、魚釣り、ゴルフなどです。

また、IT（情報化）社会になればなるほど、機械化されたものが多くなります。すると、趣味も広くなります。内容も多様化していきます。

そして、その道のためには、お金も使います。実施に練習もしてプロに近い域に達している人もいます。

□ 水をやらなくても大丈夫！ という「管」

たとえば、植木の好きな人が、旅行中は、水をやらなくても大丈夫！という「管」を考えました。

□ 夜光塗料を塗った「浮き」

釣りの好きな人が、夜光塗料を塗った「浮き」を考えました。

□ ゴルフの「回転練習器」

ゴルフ好きの人は、どうすれば上達するか、……、といろいろな小道具を考えます。

すると、それは、必ず役に立ちます。だから、形「製品」になるでしょう。

ゴルフの「回転練習器」などは、まさにその好例です。

そこで、提案したいことは、趣味の分野の中から同じ趣味を持つ人のために、こんなものがあったら上達も早いし、便利だ！ というものを、何か考えてはどうか。……、ということです。

◆ なるほど「じょうろ」

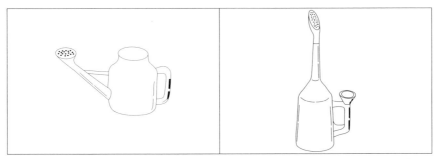

たとえば、マンションの狭いベランダに、多くの人が植木鉢を並べて、園芸を楽しんでいます。

ところが、いつも困ることがあります。それは、植木に水をやったあと「じょうろ」を置くところないことです。
　じょうろの長い放水管が狭いベランダでは邪魔になるからです。
　そこで、横に突き出した放水管はなんとかならないものか、……、と考えたのです。
　思いついたのが、一升瓶のような容器を作り、その口の部分に放水管を付けてみたら、……、ということでした。
　一升瓶の形のように縦形にした「じょうろ」です。
　さっそく、試作品を作り、試してみました。
　すると、確かに場所は取らなくなりました。
　でも、持ちにくいのです。肝心の水も出にくいのです。その理由は、空気穴がないためです。
　そこで、今度は、持ちにくいので把手を付けてみました。
　そして、その把手に空気穴を開けました。
　すると、水も上手く出るようになりました。
　また、「じょうろ」に水を入れやすいように、さらに改良を加えて空気穴を大きくしました。
　試作品を作りながら、実験（テスト）をして、何度も改良したので、このような完成度の高い作品ができたのです。

7．入賞の答えが見つかる「ユーモアの分野」

　ユーモアは、相手を和ませ、場の空気を温かくする力があります。ユーモアにあふれている人と会話をすると、自然と笑顔になり〝楽しい〟気分

になります。

いま、テレビ、雑誌などに良く出て活躍している人は、みなさん新しいことを考えることが大好きです。それが、学者であれ、実業家であれ、芸能人であれ、ほとんど例外なくそうです。

それは、いつも新しいことを考えていなければ一流人になれないからです。

ただ、こういう一流人はどちらかといえば実利のある作品より、ユーモアのある作品を好むからです。

作品も、お金儲けを考えないで、みなさんが腹をかかえて笑えるようなものをしようではないですか。ユーモアのある作品を考えてもいいと思います。

それは、頭がやわらかく、社会を明るくしようとする心の優しさです。

□ 病人は

たとえば、病人は、ベッドの上でさかんに「迷案・珍案」を出しあって、たくさん笑って、心の明るさを取り戻しています。

□ 主婦は

主婦は、掃除をしながら「迷案・珍案」を出して〝ワクワク〟〝ドキドキ〟しながら、心をはずませています。

□ 窓ぎわ族は

窓ぎわ族は、鉛筆をなめなめ「川柳」を考えるように風刺的なユーモアのある作品を考えてニタリと笑っています。

世の中が不況になると、地震だ、火事だ、病気だ、消費税だ、増税だ、自殺だ、殺人だ、……、とどちらを向いても、話題といえば暗い話ばかりです。

その中に、ユーモア性が一服の清涼剤になるからです。

□「人工芝を付けたサンダル」

たとえば、多くのサラリーマンは、〝庭付き一軒家〟の生活を夢みています。ところが、その夢もなかなか実現しません。

そこで、少しでもマイホームの庭の芝を満喫できるような、……、そんな発想から生まれたのが、この「人工芝を付けたサンダル」です。

◆ なるほど「人工芝を付けたサンダル」&「へん平足をなおす下駄」

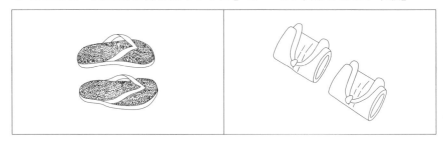

　昔から珍発明（笑いをさそうもの）は、たくさんあります。

　中には話を聞くだけで笑ってしまうものだってあります。

　たいていは、ある点から飛躍しすぎて考えた作品です。

□「へん平足をなおす下駄」

　「へん平足をなおす下駄」は、竹筒を切って、それに鼻緒を付けた下駄です。昔からへん平足をなおしたり、あるいは、健康になるため竹筒をタテに半分に割って、その上を「土踏まずで」踏むのがいい、といい伝えられて実行されています。

　「へん平足をなおす下駄」は、残念ながら形「製品」になりませんでした。

　しかし、珍発明として、今後長く残るでしょう。

　この考え方、もっと変化を付ければ意外にヒット商品になるかも知れませんよ。

　そこで、形、材料、靴、サンダルを連想して、読者も1つ考えてみてはいかがでしょうか。

8．入賞の答えが見つかる「赤ちゃん用品の分野」

「アイデアは愛である」という言葉があります。
　赤ちゃんがいるくらし、……、あなたは、どんな「赤ちゃん用品」を思い浮かべますか。
□ **赤ちゃん用品**
　たとえば、ベビー服、ベビーカー、抱っこひも、チャイルドシート、哺乳びん、おむつ、トイレ、スキンケア、肌着、ウエア、ベビーベッド、ベビーサークル、……、など、たくさんあります。
　このような作品の改良案を思いつくまま、つぎつぎにメモをしておきましょう。無限に考えられます。
　さあー、あなたも思いっきり自分の赤ちゃん、親戚の赤ちゃん、友人の赤ちゃんを観察して見てください。新しい作品（新製品）のヒントがたくさん見つかります。
　「赤ちゃん用品」の分野の作品は、愛情の深いお母さん、お父さん、おばあちゃんが考えたものの中から、多くの作品が形「製品」になっています。

◆ **なるほど「ドーナツの形の枕」**

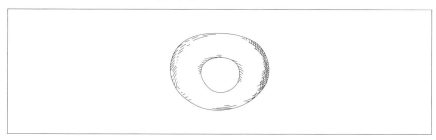

　ある若い夫婦に初めての赤ちゃんが生まれました。
　ところが、半年くらいして赤ちゃんを良く観察してみると、赤ちゃんの後頭部がへん平になっています！
　夫婦はびっくりです。
　そのとき、父親は素直に、どうしたら赤ちゃんの後頭部がペチャンコに

ならないか、……、と考えたのです。
　そして、数日後、後頭部を押さえなかったらへん平にならないんじゃないか、……、といった方法に気がついたのです。
　あたりまえのことです。
□「ドーナツの形の枕」
　そこで、後頭部を押さえないように中央をくり抜いて、手作りで、〝ドーナツの形の枕〟を作ったのです。
　これを使ってみると後頭部のへん平がだんだん直ってきました。
　この〝ドーナツの形の枕〟を〇〇会社が採用しました。
　ところで、このように採用になった話を聞くと、だれでも、ウームなるほど上手く考えたなあー、……、そのくらいだったら、自分が考えたのに！　と多くの人が感心します。
　しかし、それだけで多くの人が終わってしまうのです。
　読者のみなさんは、その次に、でも、私だったらこうする。
　もうひとひねり、なんとかならないか、……、と一工夫するクセを付けてほしいのです。

9．入賞の答えが見つかる
「台所用品・キッチン用品の分野」

　女性にとって、一番身近な作品は、「台所用品・キッチン用品」です。
　たとえば、□料理を作るのに時間がかかります。□片付けが大変です。□キッチンが汚れるので掃除が大変です。
　……、など、多くの人が不便なところは良くわかっています。
　最近は、男性もたまの休みの日などは食事の準備をする人も増えていま

す。
　ところが、日頃あまり台所に入って作業をしていないので珍しさも手伝ってよけいに不便なところが目に付きます。
　したがって、「台所用品・キッチン用品」の改良では、男性の作品も多くなります。
　いずれにしても簡単な小道具です。
　難しい技術は不要です。作品のテーマ「題目」がすぐに改良できるものばかりです。また、手作りで、試作品が作りやすいものほど、形「製品」にできる実現性は高くなります。

◆ なるほど「箸置きを付けた割箸」

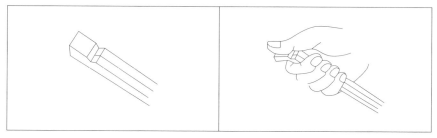

　「割箸」は、使い捨てでとても便利です。したがって、一般家庭でも良く使われています。
　多くの家庭で、お客さんが来たときは、箸置きを用意すると思います。
　でも、割箸には箸置きが付いていません。
　また、出張、旅の車中で駅弁などを食べるときは、膝の上で弁当の包装をとき、割箸を2つに割ろうとします。
　ところが、両手が空いていないこともあります。片手では上手く割れません。そんなとき、男の人は、つい割箸の片側を口にくわえて割ったりします。
　あまり、カッコがいいとはいえません。バランス良く割れなくて失敗することもあります。そこで、次のような提案があったのです。
□「箸置きを付けた割箸」
　割箸に箸置きを付けて、一体にしたらどうか。……、という作品です。

では、具体的に説明してみましょう。
　割箸の一端にＶ字型の切り込みを付けます。使うときＶ字型の切り込みのところで〝パチン〟と折れば〝箸置きを付けた割箸〟になります。
　……、という作品です。
　なるほど、手作りの試作品を使ってみました。すると、確かに便利です。

10．入賞の答えが見つかる「調理器具の分野」

　台所で良く使う「包丁」とか、「皮むき器」とか、料理用の小道具のことを「調理器具」といいます。調理に使う道具の総称です。鍋、計量カップ、すり鉢、おろし金、オーブンなどさまざまなものがあります。
　昔の人は、「調理器具」の使い方も上手な人が多かったようです。
　ところが、最近は、どうも不器用な人が多くなったといわれています。
　そこに、発明家が立ち入る余地が出てきたわけです。
□「巻きずし器」
　たとえば、巻きずしを作ると、バランスが悪くて、芯が一方に片寄った巻きずしになります。
　そういう人が多いから、子どもでも作れる「巻きずし器」という作品が生まれるわけです。
　そう考えると、不器用（料理下手）な人が多くなったから作品のタネが多くなったということにもなります。
　この傾向はますますひどくなる一方です。したがって、「調理器具」は、新しい作品（新製品）の穴場といえます。

□「ジャガイモの芯取り器」
　ジャガイモの芯取りが下手な人が多いから、その「ジャガイモの芯取り器」の作品が生まれます。
□「ウロコ取り兼皮むき器」
　魚のウロコを取るのを上手にできない人が多いから、イボイボの付いた「ウロコ取り兼皮むき器」を考えます。
　このように、男性も、女性も、料理に使う小道具を考えることは楽しいと同時に美味い料理が食べられる、という効果もあります。

◆ なるほど「おにぎり巻き具（三角＆丸型)」

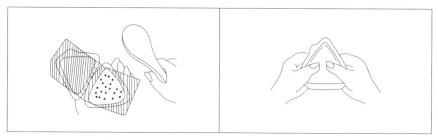

　最近は、おにぎりを作る人が少なくなっています。
　たとえば、子どもが遠足などに出かけるときは、コンビニエンスストアーで、おにぎりを買うお母さんも多いそうです。
　とはいっても、美味しさは別として、やはり、お母さんが作ってくれた愛情〝おにぎり〟が一番ですよね。
　でも、残念ですが、おにぎりを上手く作れない若いお母さんが多いのもまた事実です。
　そのため、おにぎり巻き具、三角、丸型のおにぎりを作るための小道具がたくさん考えられています。
　そして、○○の作品が形「製品」になります。
　だから、あると便利だ、使いやすい、形が面白い、というだけでは形「製品」になるのは難しいと思います。
□「おにぎり巻き具・三角＆丸型」
　そこで、考えたのは、スナック感覚で食べられるようにしたいままでに

ない薄型タイプの「おにぎり巻き具・三角＆丸型」です。

　三角、丸型の薄型容器に顔の付いたフタを付けたものです。

　これなら、だれでも手軽で簡単に気軽に楽しみながらおにぎりを作ることができます。作り方も簡単です。

　本体の容器に海苔をしいてからご飯を入れます。

　お好みにより、具を入れフタを閉めます。

　その後、グッと押し込んだあと、取り出せばかわいい薄型のおにぎりができ上がります。

　混ぜご飯で作ったり、海苔を使わずに、ゴマ、フリカケを付けたりいろいろ楽しめます。

　このように、使い方がいろいろ楽しめるのが、この作品のポイントです。

　他にも、子どもが喜びそうなハンバーグ型、コロッケ型にも応用できます。

　子どもだけに限らず、大きく口を開かなくても食べられるので、年頃レディにも喜ばれそうな作品です。

11. 入賞の答えが見つかる「履物の分野」

　履物（はきもの）は、足に着用されるものの総称です。靴、ブーツ、下駄などを含みます。

　靴とか、サンダルとか、草履などは、比較的人目に付かないところです。

　また、メーカーがつくってくれたのを履くだけ、……、そういう観念があります。新しい作品（新製品）のネタもないと思いがちです。

　ところが、実際には、そこが穴場になっているのです。泥水が飛びはね

しない「靴」を考える人は多いです。でも、まだ決定版がありません。
「下駄」はもう過去のもの、……、と見捨てられているだけに意外に残された面がありそうです。
「長靴」が流行していますが、この方面にも改良余地がありそうです。
「足もとをみよ」という言葉があります。新しい作品（新製品）もひとつ足もとから考えてみてはいかがでしょうか。

◆ なるほど「両方向から履けるスリッパ」

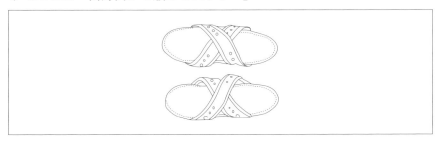

トイレに行こうとすると、スリッパの後ろ、前がいつも逆になっています。
手を使うのは汚いから、……、と足先で向きを変えようとして、スリッパをひっくり返し、イライラすることもあります。
ときどき、経験することです。小さな不便です。ところが、同じ不便を毎回繰り返しています。しかし、ここで問題意識をもてば、改善・提案のステップをふみ出せます。
□「両方向から履けるスリッパ」
そして、前後どちらからでも履けるようにすれば、……、と気がつきます。
そこで、考えたのがスリッパのひっかけ帯を中央に付けることです。
図のような〝両方向から履けるスリッパ〟です。
これなら、どちらからはいても前向きになるので、脱ぐときも、履くときも、そのつど、向きをなおす必要がありません。

12.　入賞の答えが見つかる「ハンガー用品の分野」

「ハンガー」は、多くの方が何気なく家にあるものを使っています。

しかし、「ハンガー」は、服を大切に保管するためにも、じつは、とても重要なものです。収納していた服がクタクタになっているのは、ハンガーが原因かもしれませんよ。

たとえば、型崩れしない「ハンガー」、ズボンがずり落ちない「ハンガー」も、こだわって、「ハンガー」を観察してみてください。

サラリーマンの人は、服を脱いで、Ｙシャツを取りズボンを脱ぐ、……、その順序は、人によって違いますが、そのどれもが「ハンガー」に掛けられています。

「ハンガー」の作品は、身近かなテーマ「題目」だけにたくさんあります。

空気でふくらませるもの、すべらないように肩のところに接着テープを張り付けたもの、折りたたみ式のもの、……。

多くの作品が形「製品」になっています。

いままでの「ハンガー」は、このように多種ありますが左右の幅は、固定式のものが一般的です。

したがって、衣類のサイズ個々に対応ができません。

そのため、衣類の大きさに合わせたハンガーが必要です。

だから、……、といって間に合わせを使用すれば、肩の部分の型くずれの原因にもなります。

そのため、サイズに合うようにそろえれば「ハンガー」の種類は増えるばかりです。

そんなとき、ああ面倒だ、……、とだれでも思うでしょう。

そうすると、「ハンガー」の作品は、具体的に気づくはずです。

たとえば、「すべり落ちる」、「型くずれする」……、これを中心に考えてもいいのです。

旅行用の「ハンガー」、自動車、電車の中で使う「ハンガー」なども考

える必要があります。

◆ なるほど「針金ハンガー用の肩パット」

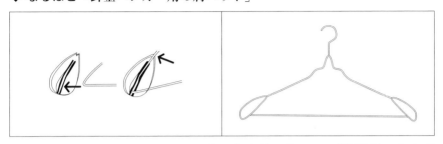

洗濯に関する作品で、町の発明家の代表的な作品は、「洗濯機の糸くず取り具」です。

毎日、洗濯をしている主婦、ＯＬは、こんなアイデアの山を見逃してはいけません。

| □「汚れたものを洗濯機に入れて」 |
| □「それを干して」 |
| □「乾かして」 |
| □「アイロンを当てて」 |

次に着用するまでの間にはいろいろな不便、やっかいなこと、失敗がおこるハズです。それを見つけて改良してください。

作品のテーマ「題材」を見つけるには、このように仕事を小さく区分して、その間に観察力をはたらかせることです。

□「針金ハンガー用の肩パット」

そこで、「針金ハンガー」に着目したのです。

ワンピース、洋服などをクリーニング店に洗濯に出すと、針金ハンガーに掛けた状態で返してもらえます。

この針金ハンガーは、ほとんどが使い捨てです。針金が細いため型くずれがするからです。しかし、もったいないです。

そこで、型くずれしないようにかわいいレモン型の「肩パット」を考えたのです。レモン型の本体の内側と先端に溝を付けたものです。

内側の溝をハンガーの端に差し込み、先端の溝の部分を針金にパチンと

音がなるまではめ込んで使います。このように針金ハンガーの両端にワンタッチではめ込むだけです。

13. 企業の改善・提案の入賞のヒントと審査の基準

　最初から、だれだって、入賞できる作品を探します。求めます。
　どうせ創作するなら、質の高い素晴らしい作品を作り、提案したいと思っています。
　ところが、世界の創造工学者が声をそろえて唱えることは、作品の数は、量、量、量です。
　この量に比例して名案が生まれます。……、といったことです。
　これは、1つの課題（問題）について、30くらいの作品を出してください。……、ということです。
　ところが、多くの人が、解決案（答）は、一つだ！　と思っています。
　このように、一つだ！　と決めてしまうことは、良くないと思います。
　課題（問題）が見つかったら、前から、後ろから、方向をかえて見て作品をたくさん出すのです。考えるのです
　たとえ、○○の作品が〝迷案〟でも大丈夫です。○○の作品が〝珍案〟であっても大丈夫です。
　5つの作品の中から選んだ作品よりは、30の作品の中から選んだ作品の方がずっといいと思います。
　1つの課題（問題）について、30の迷案、名案を出し、その中で一番いいものを取りあげて、それをさらに考えることです。
　そして、その中から、さらに30の作品を創作して、その中から、さら

にいい作品を選ぶのです。

これを繰り返してください。すると、名案の中の名案が生まれます。「ナゼそうなったのか」と自問して解決策をたくさん出し、その中から、名案を選ぶのです。

さらに、もう一度、ナゼを質問してください。

さらに、解決策の名案を深めてください。さらに、ナゼ、ナゼと数回のナゼを発してください。

そうしたとき、真の解決策は、生まれるのです。

もう一つ解決策の数をたくさん出す方法として、大切なことがあります。

それは、〝毎日考える習慣をつける〟ということです。

一日に、一度は、考える時間をつくることです。5分でも、10分でも結構です。

□　私は、トイレの時間が長いです。トイレに入ったらノートと筆記具を吊り下げておいて作品を創作しよう。
□　私は、寝つきが悪いからフトンの中で作品を創作しよう。
□　私は、通勤電車の中で作品を創作しよう。
□　私は、お風呂が好きです。だから、お風呂に入ったら作品を創作しよう。
□　私は、食後の5分間はお茶を飲みながら作品を創作しよう。

……、と自分で、自分に約束するのです。

それを続けると、だれでも1年もたたないうちに、名案が10個も、15個も生まれるようになります。チャレンジしてみてください。

そこで、どこの会社でも、初心者用に改善・提案についてヒントを与えています。

初心者は、最初、何の改善・提案をしたらいいのかわからない人が多いからです。

作品を創作するときの「チェックリスト」です。

この改善・提案のヒント「チェックリスト」は、学習をはじめようとする人のお手本になります。

ご紹介します。大いに活用してください。

（1）作業方法はこれでいいのか

①	□ 別の方法はないか。
②	□ もち台数はふやせないか。
③	□ 手持ち時間を何かに使えないか。
④	□ 取りつけ、取り外しをワンタッチでできないか。
⑤	□ 段取りがもっと簡単にできないか。
⑥	□ 手作業を機械にかえられないか。
⑦	□ 工程を減らせないか。

（2）作業動作はこれでいいのか

①	□ リズミカルな動作はできないか。
②	□ もっと楽な姿勢でやれないか。
③	□ 両手で作業ができないか。
④	□ 足も使ったらどうか。

（3）作業用の工具を工夫できないか

①	□ もっと軽くできないか。
②	□ ハンドル、スイッチなどの位置はいいか。
③	□ カチンとはめたら、ハイ、ＯＫとならないか。
④	□ マグネットを利用したらどうか。
⑤	□ タイマーは利用できないか。
⑥	□ 空気圧を利用してはどうか。

（4）機械、作業台はどうか

①	□ 作業台の高さをかえたらどうか。
②	□ 機械の間隔をかえたらどうか。
③	□ 機械を逆にしたらどうか
④	□ 工程間の運搬を止められないか。
⑤	□ 人が移動してはどうか。

（5） 工程管理はいいか

①	□ 工程間のバランスはいいか。
②	□ 作業量が一部の人にかたよっていないか。

（6） 品質についてはどうか

①	□ 作業をする人によってバラツキはないか。
②	□ 不良発生後の処理を早くできないか。
③	□ 不良の発見を機械化できないか。
④	□ 機械の異常を早くみつけられないか。

（7） 運搬のやり方はどうか

①	□ 他の運搬方法はないか。
②	□ まとめて運んだらどうか。
③	□ 積み重ねをやめたらどうか。
④	□ 運搬具をかえられないか。

（8） 整理、整頓はいいか

①	□ 色で分類できないか。
②	□ 良く使うものが近くにあるか。
③	□ 探す時間が多くないか。
④	□ 捨てたらどうか。
⑤	□ ほとんど使わないものが身のまわりにないか。
⑥	□ 決められた場所にきちんと置かれているか。

（9） 消耗品、水道、高熱は、ムダにしていないか

①	□ 回収して、再利用できないか。
②	□ やめたらどうか。
③	□ 回数を減らすことができないか。
④	□ 材料をかえたらどうか。
⑤	□ 文房具の在庫は適正か。

（10） 安全、衛生に問題はないか

①	□ ひやりとしたことはないか。
②	□ 危険性、有毒物の管理は十分か。
③	□ 可燃性の扱い方は大丈夫か。
④	□ 電気配線は安全か。
⑤	□ 換気はいいか。
⑥	□ 粉塵はないか。
⑦	□ 照明の明るさはいいか。
⑧	□ 安全装置の保守はいいか。
⑨	□ 保護具は確実に使われているか。
⑩	□ 標準は守られているか。
⑪	□ 回転部分が露出していないか。
⑫	□ 床面はすべらないか。
⑬	□ 音や光を使ったらどうか。
⑭	□ 手を触れないで、すませられないか。

（11） 事務作業を簡単にできないか

①	□ その資料の作成をやめてみたらどうか。
②	□ 転記をやめられないか。
③	□ ミスを減らす方法はないか。
④	□ もっと能率のいいやり方はないか。
⑤	□ 機械化できないか。

（12） コピー、電話は減らせないか

①	□ 掲示、回覧ですませないか。
②	□ 配付先は減らせないか。
③	□ その通知をなくせないか。
④	□ メールですませられないか。

これをまとめると素晴らしい作品が生まれます。

14. するどい観察は「WHY AND WHAT」

● 子どものときの純粋な気持ちが大切

　たとえば、大切なおもちゃの自動車が動かなくなりました。
　そのことについて、子どもは、
　□ なぜ動かないの（？）、□ どこがこわれたの（？）、□ 電池がなくなったの（？）、□ なぜ電池はなくなるの（？）、……。
「なぜ」、「どうして」の質問を親にあびせると思います。
　知識欲がさかんな子どもの質問は、際限なく親がその解答に困ることさえあります。それは、新しいものを知ろうとする人間の本能だからです。
　ところが、大人になると、□ これは何だろう（？）、□ どうして（？）の疑問が鈍くなります。
　また、そう思っても質問をしません。みきわめることを怠ってしまいます。
　そんなとき、子どもの頃の純粋な気持ちを思い出してください。
　□ WHY（？）、□ WHAT（？）、□ なぜ（？）、□ どうしてだろう（？）
　……、を連発してください。
　一個の商品、一つの現象を見るとき、それを分解して、意識してみきわめると自然に、□ WHY（？）、□ WHAT（？）、……、の疑問が生まれてきます。
　ためしに、どんなことでも結構です。
　いろんな角度から観察をしてみることです。

ここで、みなさんがいつも使っている○○の商品を観察してみてください。
　仕事でも同じです。身近な職場でも、与えられた仕事を毎日繰り返しているだけでは、何の進歩も改良も生まれません。
　それでは、仕事も楽しくなるハズがないでしょう。
　ところが、ある動作に対して、これでいいのか（？）、……、と一つの疑問を投げかけてみるとそこに新しい考えがわいてきます。
　すると、もう少し手間を省く方法はないだろうか、製品を早くきれいにそろえる方法はないだろうか、……、など、具体的な課題（問題）と答えが見つかります。
　物、現象に対して、何でも結構です。「WHY？」、「WHAT？」を投げかけて課題を掘りおこしてみてください。
　それが作品のテーマ「題目」を引き出す大切なカギになります。

15. その思い〝本気度〟が強ければ試作品は作れる

● 試作品を作る気がおこる
　日曜発明学校で、筆者はときどき試作の話をします。
□ 試作品を作れない
　そのとき、何人かの人から作りたくても、材料がどこに売っているのかわかりません。私は不器用です。……、など、試作品が作れません。
　試作品を作るのは、難しい、と訴えます。
□ 試作品を作ってくれるところはないか
　また、とても自分の手に負えないから、どこか試作してくれるところは

ありませんか。……、といった質問も良く受けます。

　たしかに、人には器用、不器用があるでしょう。上手、下手の差もあるかも知れません。

　でも、日本人はむかしから手先が器用だ、といわれています。

　たとえば、のこぎりと金槌を持たせれば簡単な棚くらいは、だれでも作れるはずです。

　紙の工作なら小学生の図画工作の時間にボール紙を切ったり、曲げたりしていろいろな形のものを作った経験がだれにでもあるでしょう。

　発明の世界では、できない、だめだ、と否定する言葉はタブーです。

　できなかったらできるように、だめだったらだめな条件をなくす。

　……、それが発明活動だからです。

□ 試作品を作れない理由を考えるより

　したがって、試作ができないという人は、はじめからやる気がない人だ、と思います。できない理由を本当に上手に説明してくれる人がいます。

　試作品を作れない理由を考えるより、改善・提案、発明・アイデアを考える方が早く形「製品」になると思いますよ。

● ○○の作品の内容を説明するのはあなた自身

　試作品を作ってくれるプロもいますが、たとえ試作品を作ることがプロであっても、作品は、他の人（第三者）が考えたものです。

　だから、依頼する人が作品の内容を詳しく説明して頼まなければ満足のいく試作品は作ってもらえません。

　冗談でしょう、……、といわれそうですけど、電話で相談する人の中には、作品の内容がとても簡単です。だから、電話で説明しますので試作品を作ってください。

　……、といってくる人もいます。

　図面もないのに、どうして説明だけで形がわかると思いますか（？）

　……、といいたいのですが、本当に困ってしまうこともあります。

　人を紹介するとき顔写真がないと、ムリでしょう。電話だけでは説明できませんよね。

想像だけは膨らむと思いますけど、……。実際に会ってみると、全然違うタイプだったりします。

人と待ち合わせ場所を決めて、電話で説明しているときを想像してください。メール、ＦＡＸがあれば地図を書いて送るでしょう。長々と時間をかけて説明するより、その方が簡単です。しかも、すぐにわかります。

もしも、○○の作品の内容が簡単だったら、自分で作れるハズです。

それが作れない、というのは難しい内容なのです。きっと、……。

また、試作品は、○○の作品をたった一個だけ作ります。だから、時間もかかります。プロに頼むと費用もかかります。

それでも、どうしてもプロに頼みたいときは費用を聞いてから頼んでください。

筆者は、各種発明コンクールの審査員を頼まれます。だから、入選した人を何人も知っています。その中の多くの人がおのおの自分に応じた方法で、形「製品」にしています。

ところが、形「製品」にするのに共通で絶対に欠かせない条件があります。

それは、試作品を作ることです。試作がない作品で形「製品」になった例は、私の知る限り一人もいません。

だから、筆者は、試作品がない作品は、形「製品」にならない、……、とかたく信じています。

● アイデアは、試作によって開眼する

○○の作品が形「製品」になるか、ならないかの分かれ道は、試作によって決まります。

頭で考えた○○の作品は、自分でいくら立派な考えだ！ ……、と思ってもみんなそうなるだろう、といった予測です。

だから、試作品のない○○の作品にはスポンサーはつきません。

形「製品」になった多くの人は、みなさん、試作なくして素晴らしい作品は、できません。素晴らしい○○の作品は、試作で完成します。

……、と口をそろえていっています。

発明は、頭で考えながら手で作る共同の作業でないと、完成しないのです。
　ところが、作品を考える人の中に、試作は苦手です。不器用です。
　だから、……、といって、試作品を作らない人がいます。
　それでは、せっかく創作した作品が想像のままで消えてしまいます。何の役にも立ちません。
　ところが、試作をすれば、たとえそれが紙、手もとにある材料を使った、手作りの作品であっても素晴らしい作品が完成します。

第3章

改善・提案は、
毎日、楽しく過ごせる
大きな夢がある

1．アイデア発想は、人生を楽しく、明るくする

● 考えることは楽しい

「発想」って何でしょうか。難しく考えることはありませんよ。

辞書を引いても、思いつき、ある発想を文章にあらわすこと。……、といったことが書いてあります。

新しい○○の作品を生み出すこと、発想することは、人間の本能です。考えることが楽しいと思います。

それが小さな、〝思いつき〟〝ヒラメキ〟のアイデアだったとしても、スカッとしてさわやかな気分になれるものです。

● 新しい○○の作品を生み出すことは将来の夢がある

○○の作品は、〝思いつき〟です。〝ヒラメキ〟です。だから、数学のように、3日も、4日も、悩み、考えなくても大丈夫です。

また、入学試験のように、どうしても記憶しなければならない。……、というものでもありません。だから、自由（遊）自在とても楽しいです。

しかも、将来の夢がわいてきます。

そして、だれでも、自分の○○の作品がどんなに小さなことでも、それが愚案であったとしても、○○の作品は素晴らしい。……、と過大評価をして、将来の夢を見てしまうものです。

それは、学問の「ある」、「なし」には、ぜんぜん関係ありません。

発想学に興味をもてば、人間は、だれでも毎日の生活が楽しくなり、人生を明るく暮らすことができるようになります。

第3章　改善・提案は、毎日、楽しく過ごせる大きな夢がある

2．入賞の答えが見つかる
「プラス発想」は、すべての成功のもとになる

● 小さな仕事でも楽しくなる

　人はだれでも、大なり、小なり、いま自分のやっている仕事について、発想力を働かせています。

　それが、どんなに小さな仕事でも、大変な仕事でも、楽しくなります。辛抱強くなります。劣等感もなくなります。大きな夢がわいてきます。

　それを続けることです。それが、すべての成功のもとになります。

● 実績ができれば、その功績が認められる

　話が少し脱線しますが、たとえば、就職する時期になると、多くの学生さんが、将来が安定している会社を希望するのではないでしょうか。

　親もきっと、そう願っていると思います。

　しかし、たとえ、そのとき、うまく入社できたとしても、2年、3年もすると偉い人がたくさんいることがわかります。すると、少々のことでは認めてもらえないこともわかってきます。

　とくに、高卒の人、公的な資格を取っていない人、チャンスが少ないようです。

　そのような状況の中でも、チャンスはあります。悩んではいけませんよ。「プラス発想」をすることです。

　どこの会社でも、改善・提案制度があります。

　あなたの発想力が活かせます。

　すると、自分の仕事の中で課題（問題）になっているところが見つかるはずです。

　課題（問題）を見つけたら、改善・提案制度を利用してください。量（件数）をたくさん提案すればいいのです。

　最初は、○○の作品の内容が「いいとか」、「わるいとか」は、気にしないでください。

　そうすれば、将来の方向性も見えてきます。

学歴がなくてもいいじゃないですか。コネがなくもいいじゃないですか。
……、改善・提案の量（件数）をたくさん出して実績をつくりましょう。
実績ができれば、あなたの功績は、認められます。

3．ものの見方、考え方を少し変えれば、
　　入賞の答えが見つかる、悩みも簡単に解消できる

● 既成の概念をそのままだ、と思い込んではいけない

仕事がうまくいっていないときもあります。

そういうときは、ものの見方、考え方、方法を、少しだけでいいです。変えてみるのです。

□「１＋１＝２」

たとえば、シンプルな題材で恐縮ですが、算数の学習の足し算です。「１＋１＝２」です。数学の世界では、「そうなのだ」と、「そうなるのだ」と先生に教わりました。

だから、誰でも、「１＋１＝２」と答えます。それが、普通の答えです。

物理の法則でも、定理でもみんなそうです。

それは、みんな私たちの先輩が大変な苦労をして確立したものです。

しかし、こうした既成の概念を、そのままだ、と思い込んでしまったら、形「製品」にできる創作物は生まれてきません。

型にはまった、固い頭の中からは、ユニークなものは生まれてこない、ということです。

□「ミシン用の針」

たとえば、「ミシン用の針」です。

針の糸を通す孔は、針の上にあるものだ。……、といった考え方を変え

なければ、下に孔を開けた「ミシン用の針」は、生まれなかったでしょう。
　したがって、どんなに確立された法則も「こうしたら」……、といった突飛な仮説を付け加えることが大切です。
　そうすると、必ずしも答えが、そうではないこともあります。
　ときどき、このヘソマガリ的な仮説を利用してみてください。一気に答えが見つかるかも知れませんよ。

● **日本は、土地も、資源もない国、だから、タダの頭脳を使おう**
　日本は、土地も、資源もない国です。それで、他国のちょっとした変動によって、一喜一憂を余儀なくされています。
　そのため、新しい技術の開発が叫ばれています。会社でも、官庁でも、改善・提案制度を作って、それに力を注いでいます。
　仕事で、学習で、問題にぶつかるときがあります。
　うまい解決方法も見つからないときがあります。
　そういうときは、ものの見方、考え方、方法を少し変えてみるのです。
　一度試してみてください。
　なんだ、簡単なことじゃないか。……、といった答えが、見つかることもあります。
　そうか、夫婦だって、子どもができると、「1＋1＝2」じゃないですよね。

4．まて、まて、すぐにあきらめてはいけない
　　上手く解決できる、入賞の答えが見つかる方法がある

● **はっきりいえる具体的な課題（問題）も、答えも、見つかる**
　効率良く、具体的な課題（問題）も、答えも、見つけるには、どうすれ

ばいいのでしょうか。

　私は、悩みが生じたときに、どうしたら腹が立たないようになるか、と
Ｕターン的に考える方法を教えてください。「Ｕターン思考」といいます。

　私たちの、毎日の生活の一部は、ＩＴ（情報）化されました（※　Ｉ
Ｔ：Information technology）。

　ある一面では、確かに便利になりました。

　ところが、このように、世の中が進めば進むほど、多くのことが機械的
に処理されます。

　ある現象から、腹が立つときがあります。

　人と人の心温まる楽しい会話も少なくなりました。
「ああ、良かった」といえることも少なくなったと思います。

　その反面、多くのものが機械的に処理されています。そのために、カー
ドの種類ばかりが増えます。

　銀行に行っても、郵便局に行っても、駅に行っても、機械の操作が、上
手くできなくて「ああ、いやだ」、「ああ、面倒だ」と思います。

　操作の説明文がわかりにくくて、「腹が立つ」といった不快情緒の方が
多くなっています。

　会社にいる時間も、構造不況が長引く中では、暗い話ばかりです。

　笑顔も少なくなりました。「ああ、楽しかった」ということより、グチ
ばかりが多くなりました。
「不平、不満、立腹、心配」の方がずっと多くなっています。

　その、「不平、不満、立腹、心配」の原因は、どこにあるのでしょうか。

　　原因は、とてもささいなことです。

　たとえば、上司に叱られました。階段をころげ落ちてケガをしました。
ドアに指をはさまれました。……、といったことです。

● 自分にふさわしいテーマ「題目」を選べばいい

「不平、不満、立腹、心配」、同じようなことで、多くの人が悩んでいま
す。

　課題（問題）を解決して、多くの人の悩みを解消してあげてください。

それが実現できる一番いい方法は、毎日、日記をつけることです。
　その日にあった、「不平、不満、立腹、心配」などの不快情緒を、個条書きでいいです。改善・提案手帳（メモ用紙）にメモしておきましょう。
　そして、その中から、どれか一つを選んでください。
　その次に、まて、まて、どうしたら腹がたたなくなるか。……、とUターン的に考えてみるのです。
　すると、そこに具体的な目標が浮かんできます。
　毎日、Uターン思考をくりかえしてください。きっと、課題（問題）が見つかります。その中から、もっとも自分にふさわしいテーマ「題目」を選べばいいのです。
「まさか」が起こったら、それをとらえて「なぜ」と疑問を投げかけてみてください。課題（問題）の解決の方向性がみえます。
　車道には、「Uターン禁止」区域があります。
　Uターン思考は、何の制限もありません。だから、いつでも、どこでも、自由に利用することができます。
　たとえば、恋愛でもうまくいかないことがあります。そのときは、どこかに課題（問題）があります。
　そういうときは、まて、まて、どうして、うまくいかないのかなあー。
……、と一歩下がって、考える時間を作るのです。
　冷静になると、いろんなものが見えます。
　答えを見つけるためには、それが、一番いい方法かも知れません。

5．何か、変だ、と思うところが、
　　入賞の答えが見つかる、改善・提案の源

　私たちは、毎日、便利な商品を、職場、家庭で使っています。

　それでもなお、多くの会社では、故障もしなくて、品質が良くて、形（デザイン）が良くて、消費者が喜んで買ってくれる商品を作っています。いつも、素晴らしい新製品を開発しています。

　消費者に、いつも同じものを提供しても、商品を買ってくれないからです。

　そのため、効率良く、課題（問題）を見つけるために、改善・提案制度などの小集団活動を行っています。

　そういうときに、だれにでも共通してできることがあります。

　それは、自分の仕事に対して、

□ ○○にムダがないか。
□ ○○、ムリをしていないか。
□ ○○にムラがないか。

　……、と考えることです。

① ○○にムダがないか

● ムダとは

　ムダとは、たとえば、１トン（1,000kg）車に５キロの小さな荷物を積んで運ぶことです。

□ 燃料費(ガソリン代)がムダになっていませんか。
□ 人件費がムダになっていませんか。

　ムダをしている会社は、この不景気の中では生き残っていけません。

　そこで、多くの会社は、あらゆる面でムダをなくそうとします。

● 思いつきの○○の作品に、30万円も、50万円も、使うのはムダ

　特許、意匠、商標の出願をするとき、大きなムダをしている人がいます。

　作品には、いろいろな種類があります。

90

たとえば、会社、大学の研究所、研究室では、何億円もの費用と時間をかけた、すごい作品もあります。

これを、１トンの大荷物と仮定してください。

それにくらべて、改善・提案制度から出た、小さな作品は、研究費も、時間も、かけていないことが多いです。

この小さな作品は、数キロの荷物に相当するわけです。

数キロの小さな荷物を、１トンも積める車に積んで、荷造りを厳重にして、ベテランの運転手をつけて、30万円も、50万円も、費用を使って、特許庁（〒100‐8915 東京都千代田区霞が関3‐4‐3）に運ぶ（出願する）ことは、ムダということです。

小さな作品は、二輪車（自転車）で運べます。

同じように、普段の生活の中にもムダなことが多いと思います。

そこで、○○にムダがないか、と考えることです。

たとえば、職場でムダな歩行を、一歩でも、二歩でも、縮めるために机の位置を変えるのも一つの考え方です。

生レモンを使うときは、手で絞ることが多いと思います。ところが、皮が硬くてうまく絞れません。

そうすると、一部がムダになります。

そこで、ムダをなくすために「レモンの絞り具」を考えます。

未完成の○○の作品にお金を使いすぎないでくださいね。

たとえば、急いで未完成の○○の作品の試作をプロに頼んでもムダになりますよ。

最初は、自分で作りましょう。愛情を込めて作れば、みんなが使いたい。

……、といってくれます。○○の作品の完成度も高まります。

② ○○、ムリをしていないか
● ムリとは

ムリをしていないか、というのは、目的に対して、手段が大きすぎることです。……、と考えることです。

ムリとは、たとえば、１トン（1,000kg）車に、２トンの荷物を積むこ

とです。ムリをすれば、事故が起きてしまいます。

　特許庁に書類を運ぶ（出願する）ときもそうです。

　何千万円、何億円もの研究費をかけて完成させた、ものすごく、素晴らし作品なら、荷造りを厳重にしてもいいでしょう。

　そのとき、１トン車にベテランの運転手をつけて、30万円も、50万円も、使って運んだ（出願した）としても、決してムダではありません。

　それを、入社したばかりの、しかも知的財産権の知識がない社員に担当させたら負担が多すぎます。それは、ムリなことです。

　テーマ「題目」を選ぶとき、ムリをしてはいけませんよ。

　自分の力で、課題（問題）を解決できるテーマ「題目」を選ばないと、いつまでたっても、課題（問題）が解決できなくて、改善・提案することを嫌いになりますよ。

　それではいけません。ムリをしなければ、改善・提案は楽しめます。

　恋愛でもそうです。

　１回のデート代に、30万円も、50万円も使うことです。……、ムリをしていませんか。

　自分の収入（給料）を考えてください。計画的に使わないと、上手くいきませんよ。

③ ○○にムラを見つめよう

● ムラとは

　ムラとは、たとえば、１トン車に、行きは、１トンの荷物を積んで行きました。ところが、帰りは、荷物がなくて荷台はカラでした。……、というようなことです。

　バラツキは、ムラです。

　そこで、○○にムラがないか、と考えることです。

□ ペットボトル

　たとえば、ペットボトルは、中身を飲んだら、そのまま容器を捨てます。

　ところが、ゴミとなった容器は、かさばります。

□ 「ペットボトルをつぶす器具」

第3章　改善・提案は、毎日、楽しく過ごせる大きな夢がある

そこで、「ペットボトルをつぶす器具」を考えます。

ムラをとりのぞこうとする観察力を働かせれば、そこに課題（問題）が見つかります。

このように、いつも、ムダがないか。ムリがないか。ムラがないか。……、を考えてほしいのです。いろんな意味で効果が期待できます。

テーマ「題目」を見つけることだけが大切なのではなく、不快情緒を解消するための良薬ともいえます。

毎日、3分でも、5分でも、改善・提案のことを考えましょう。

継続すれば、あなたが望んでいる、形「製品」になります。

□ 著者のいなか（故郷）

ここで、話が勝手に脱線しますが、著者のいなか（故郷）は、長崎県西海市大瀬戸町です。実家は、農家です。親父は、炭焼きも得意でした。山の中で、自然がいっぱいのムラ（村）です。村はムラとは違いますね。

6．素晴らしい、と感動したとき、入賞の答えが見つかる、メモを取ろう

● たくさんのメモが改善・提案のヒントになる

入賞した人は、だれでも、ふと思いついた作品は、必ずメモにした。

……、と口ぐせのようにいいます。

前に書いたメモがヒントになって、○○の作品が完成することもあるからです。

だから、思いついたことは忘れないように、図面（イラスト、スケッチ）と、ていねいな文字できちんと書きまとめておくことが大切になるのです。

それでは、ここで、あなたの記憶力を試してみましょう。

□ **質問……今日の朝食のおかず、何を食べましたか**

たとえば、急に、今日の朝食のおかず、何を食べましたか。……、と質問されたとき、ウッ（!?)、と考え込んでしまいませんか。

すぐに、思い出せない人が多いでしょう。

だからこそ、名案は忘れやすいからメモをせよ。迷案をたくさんメモしておくとそれが組み合わさって名案になる。……、といわれているのです。

どんな小さなことでも結構です。継続しましょう。

● **「改善・提案手帳（メモ用紙）」を作ろう**

いま、あなたのノートに何件くらいメモされていますか。

まだ、書いていませんか。だったら、今日から「改善・提案手帳（メモ用紙）」を作りましょう。

それにメモをすることが、創造力を養成するのに一番役にたちます。

次のような項目を書けば、初心者でも、書類にまとめやすいと思います。

読者は、これを参考にして、自分で使いやすいように、項目を書いて「改善・提案手帳（メモ用紙）」を作り、メモを取る習慣を身につけてください。

行間は、紙面の都合上、項目を詰めて書きました。

読者の方は、内容に応じて行間を広くしてまとめるといいと思います。

◆ **「改善・提案手帳（メモ用紙）」**

年　月　日

「改善・提案手帳（メモ用紙）」

① **作品の名称**

② **説明図「図面」**

イラスト、スケッチなど、使用状態を示した説明図（図面）を描いてください。

③ **作品の概要**

作品のポイントを簡単に書きます。

④ **従来技術とその欠点（問題点）**

いままでは、どうだったのか。どういった欠点（問題点）があったのか。……、を書きます。

特許、実用新案の先行技術（先願）は、「特許情報プラットフォーム（J-PlatPat）」で、チェックできます。

⑤ **作品の構成（しくみ）**

いままでの欠点（問題点）を除くために、ここを、このように改良しました。このような方法を見つけました。形をこう変えました。

……、といったことを書きます。

⑥ **作品の効果**

このような構成にしたから、こういった効果が生まれました。

改良点から生まれる「作品の効果」は、〜○○だ、と書きます。

実験（テスト）のデータなどを書くと、さらに説得力があります。

⑦ **作品を実施するための形態**

「作品を実施するための形態」、作品の実施例を書いて、使い方を説明します。

7. 入賞の答えが見つかる
「P・D・C・A」のすすめ

改善・提案の一般的な考え方、進め方は、「ISO9001（国際規格）」の概念と共通しているところがあります。

参考になると思いますので紹介しましょう。

「P・D・C・A」は、品質マネジメントを運用するための企画で顧客満足度を上げることを目標にしたものです。

この規格を理解するうえで「P・D・C・A」と、呼ばれる用語があります。

「P・D・C・A」は、「P：Plan（計画）」「D：Do（実施）」「C：Check（確認）」「A：Action（対策実行）」の意味です。

それぞれの段階を次々に行っていきます。

そこで、効率的なマネジメントと継続的な改善・提案を行い、顧客の満足度を上げる手法として使われています。

対策実行（A）をするには、計画（P）から順に行っていきます。

これを「P・D・C・A」が回るといいます。

この「P・D・C・A」が上手く回らないとマネジメントが上手くできないことになります。

その結果、最終的には顧客の満足度が得られらないのです。

改善・提案も同じです。改善・提案を「P・D・C・A」にあてはめると、次のようになります。

◆「P・D・C・A」

□ P：まず、どんなものがいいかを考えます。 （P：は、計画、目標です）
□ D：試作してみます。 （D：目標達成の方法を検討し、その方法を実行します）
□ C：使ってみて思ったようにできているか確認します。 （C：目標に近づいているか確認します）

| □ | Ａ：これでＯＫか、課題（問題点）はないか確認します。
（Ａ：結果が目標から離れていれば「Ｐ・Ｄ・Ｃ・Ａ」をくりかえします） |

◆ チェックリスト

□	目標を見直します ……………………………………… P
□	目標達成の手法をかえます …………………………… D
□	かえた手法で効果が出たか、確認します …………… C
□	課題があれば、それを解決します …………………… A

　この「Ｐ・Ｄ・Ｃ・Ａ」を実行してください。

　改善・提案活動を効率良くムダなく進めることができます。

８．入賞の答えが見つかる　「ブレーン・ストーミング法」を利用しよう

　ブレーン・ストーミング（ブレスト）法は、数人の人が集まってある一つの課題（問題）に対して作品を出し合うものです。

　1941年にアメリカのアレックス・Ｆ・オズボーンが広告関係の作品を出すために考え出した会議方式です。

　ブレーン・ストーミング法には、守るべき４つのルールがあります。

　この４つのルールが発想法の根本的な示唆を与えるものです。

　あとから、たくさんの発想法が生まれましたが、みんなこの流れの進化発展したものです。

◆《４つのルール》

□ ① 批判厳禁	□ 批判をしない

□ ② 自由奔放	□ 奇想天外な発言を求める
□ ③ 質より量	□ 提案の数
□ ④ 結合改善	□ ただ乗り歓迎

□ ① 批判厳禁

「まんじゅう」の例題です。

　司会者が、近頃、「まんじゅう」の売れ行きが悪くて、担当者が悩んでいます。

　どうすれば、売れるようになるか、新しい作品（新製品）を提案てください。……、といって「開会」を告げます。

　すると、みんな手をあげて、自由な意見をいってくれます。

　たとえば、

□ サクランボのような形のまんじゅうを作りましょう。可愛いから売れると思います。……、といった作品を提案します。

　すると、

□ 形が小さくて、手間がかかりすぎます。そんなの売れるはずがないでしょう。……、と反対意見をいう人もいます。

　他の人（第三者）が、

□ アンの中にウイスキーを少し入れたらどうでしょう。……、と作品を提案します。

　すると、

□ まんじゅうは、甘党が買うものです。アルコールが入っている、といって手を出す人はいません。……、とケチをつけます。

　それが、いままでのやり方でした。

　ところが、オズボーンは、このように発表した作品にケチをつけることを厳禁したのです。

　どんなにつまらない作品であったとしても、場違いの作品であったとしても、子供じみた作品であったとしても、批判をしてはいけないのです。

　それを許してしまうと、他の人（第三者）が作品を発表しにくくなるからです。

第3章　改善・提案は、毎日、楽しく過ごせる大きな夢がある

　それで、「批判厳禁」のルールを作ったのです。

　その理由は、私たちは、学校教育、いままでの経験の中で、こういうときは、こうしなさい。……、というような形ができています。

　つまり、論理的な思考で頭が固まっています。

　とくに、技術系の人は、否定条件を知りすぎています。

　だから、ある課題（問題）を出されても、答えは決まっています。

　ところが、奇抜な答えを発表したとき、笑う人もいます。批判する人もいます。

　すると、あとの人が○○の作品を発表しにくくなります。

　また、批判が許されるとグループの中にもの知りの人がいたりします。

　すると、とくとくと批判して自己顕示をします。

　その結果、批判された人はだれでもいやな気が起こります。

　それでは、人間関係までおかしくなってしまいます。

□ ②「自由奔放」を歓迎

　これは、第一のルールである批判厳禁を強く推し進めたものです。

　奇抜な作品。迷うような作品。珍しい作品。意外性のある作品。

　だれでも、遠慮せずに「自由奔放」に、作品を発表しましょう。

　それは、いい加減な作品でも脳を強く刺激することができるからです。

　したがって、みんなの頭にヒラメキの火をつけることになります。

　人間は、だれでも、好奇心があります。スリルを求める心は強いです。

　そのために命を失うこともあります。それでもスリルを求めます。それが人間です。

　だから、奇抜さ、意外性、矛盾をもったものは、人の興味を強く引きつけます。

　そして、奇想天外な発言を求めてみんなの心をゆさぶるのです。

□ ③「質より量」提案の数を求める

　作品の数は、量、量、量、量に比例していい案が出ます。

　そういう点をオズボーンはねらったのです。いまから五十数年前に、こ

99

のルールを押し広めようとしたのです。すごいことですよね。

□ ホームランは、振ったバットの数に比例します。

　……、とベーブルースは、いったそうです。

　○○の作品を形「製品」にできるのも、それと同じようなことだと思います。

□ 悪い案も出ない人に、どうしていい案が出ますか、まず、悪い案でもいいから50でも、100でも、出してください。それからです。

　……、と真珠王の御木本幸吉氏は、いったそうです。

　みんな同じような考え方です。

　○○の作品も、すぐに良案を、と思っていると、なかなか出てこないものです。

　それは、大脳に抑制作用が働くからです。

　これは、大脳生理学者が声をそろえていうことです。

　発明王のエジソンは、たった1つの案を得るために、10冊の大学ノートを真っ黒にした、といいます。

　もう1つ大事な意味があります。

　それは、いい作品は、最初に出てくることは、ない、といった点です。

　だから、作品の量（件数）を出していると素晴らしい案を導き出せる、ということです。

□ ④「結合改善」ただ乗り歓迎

　これは、他の人（第三者）がいろいろな案を出します。それをいただいて、いいところを結合させて自分の案として発言してもいい、ということです。

　他の人（第三者）の作品にただ乗り歓迎といわれます。

　これは、創造活動で大切な総合の練習です。

　だから、ある程度の高い分割結合への階段で、他の人（第三者）の作品を無批判に受け入れるのではなく、自己の脳細胞の中で取捨選択の機会を与えられている点で非常に重要です。

　また、人間関係では他の人（第三者）の意見を良く聞き、その人の心を

1つにして考えるといった協力的な精神を養う意味ではとても大切なことです。

9．入賞の答えが見つかる　「ブレーン・ストーミング法」の実行方法

　ブレーン・ストーミング（ブレスト）法は、10人前後で実行するのが効果的です。
　その中から、1名のリーダーを決めます。
　そして、できたら、2名の記録係を決めてください。1名でもいいです。
　メンバーは、卓の回りに向かい合って座ります。
　そして、リーダーは発言しやすいようにメンバーをリラックスさせてください。

◆ メンバーは、10名前後

□ メンバー	□ 10名前後
□ リーダー	□ 1名
□ 記録係	□ 2名か1名

□ ① 大きな白紙を用意する
　そこで、大きな白紙をみんなが見えるところに貼ります。
　黒板に書くと、あとで消してしまいます。だから、白紙を使用してメモを残しましょう。これで準備OKです。
　まず、リーダーがルール、やり方、ねらい、課題（問題）、所要時間などを説明します。

何回もやっているときは、テーマと時間だけの説明でいいでしょう。

□ ② 開会宣言

リーダーが「さあ始めましょう」……、と「開会」の宣言をします。

発言をするときは、必ず手を上げて、リーダーの指示にしたがってください。

手を上げた人を指名します。

記録係は、白紙に発言した内容をマジックで要領良く書いていきます。

途中で、「それは前にあった」とか、「それは不可能だ」……、といった発言が出てきたら、リーダーが注意しましょう。

□ ③ 時間は、10分か、15分

10分か、15分して、だれも発言しなくなったら、書かれている内容を読んでください。

発言した内容を結合したり、分解したり、新しい着眼点を示したりして、刺激して、さらにかわった案を出させます。

定刻の時間になったり、発言しなくなったら、メンバーの協力を感謝して、「終了」の挨拶をします。

□ ④ 質を高めていく、「◎・○・△・×」をつけてまとめる

少し時間をおいて、全員の投票によって、上位5点くらい決めて賞を出すのもいいでしょう。

あるいは、みんなの意見を聞きながら、その中の案に「◎・○・△・×」をつけて同類を区分けしてください。

□ ⑤ 賞を決める

ここで、提案された作品を土台にして、さらに情報を集めてください。

それを、2回、3回繰り返してだんだんと質を高めていくことが大切です。

それを怠ると締まった作品になりにくいです。

第3章　改善・提案は、毎日、楽しく過ごせる大きな夢がある

新しい作品（新製品）の開発の鉄則です。

□ ⑥ 質を高める

　○○の作品を出すときは、批判をしないでください。そして、どんどん提案させます。

　批判をするときは、必ず別の場所と時間を変えてやってください。

　この基本は、頭の中においてください。

◆《ブレーン・ストーミング法を改良するのはあなた》

　オズボーンが創作したブレーン・ストーミング法を改良するのは、あなた自身であることを忘れないようにしてください。なぜなら、あなたはもうアイデアマンの仲間入りをしているからです。

10. 入賞の答えが見つかる 「ゴードン法」を利用しよう

● 課題（問題）を知っているのは、司会者だけ

　アメリカのウイリアム・ゴードン氏によって考え出されたものです。

　ブレーン・ストーミング法は、司会者がみなさんに具体的な課題（問題）を知らせます。

　それについての作品を出させる方法です。

　ゴードン法は、課題（問題）を知っているのは、司会者だけです。

● 上位概念の問題を出す

　メンバーには、その上位概念の課題（問題）を出して、ブレーン・ス

トーミング法をさせる方法です。

　たとえば、通勤、通学の時間、駅前には、自転車が何百台も並んでいます。

　だけど、帰宅時間の夕方になるとサーッと姿を消してしまいます。

　駅前の自転車置場は、広くても、すぐに、いっぱいになります。それでも、収入になりません。

　この課題（問題）を解決するために、ブレーン・ストーミング法でやるなら全員に、

□ 自転車の駐輪場の改良に関する案を出してください。

　……、といって、それぞれ作品を出してもらいます。

● 課題（問題）は、だれにも知らさない

　ところが、これをゴードン法で解決するときは、数人から十数人の人に集まってもらう点は、ブレーン・ストーミング法と同じです。

　ところが、自転車の駐輪場の改良。……、といった課題（問題）は、だれにもいいません。

● 広い範囲の作品が出る

　司会者は、駐車（車をとめる）と、いわずに、その言葉の上位概念である、

□ 貯蔵（ものをためる）についての作品を出してください。

　……、と発言します。

　すると、メンバーの１人は、

□ 大根を貯蔵するには、縄に結んでたくさん釣り下げたらいいです。

　……、といったことを考えます。

　着物の整理を連想した人は、

□ 引き出し式に段々にする方法を提案するかも知れません。

　このように、自転車にとらわれないで、いろいろなものの貯蔵法を連想します。

　そうすると、いっそう広い範囲で作品を出させることができるというわ

けです。

● 意見が出つくしたら、課題（問題）を教える

　意見が出つくしたころをみはからって、司会者は、次のようにいいます。
　じつは、自転車の台数が激増して、通勤、通学の時間になると、駅前にあふれています。
　この自転車をどうしたら狭い場所でより多く置くことができるか、考えてもらうことが目的だったのです。
　そこで、いま、たくさんの案が出ました。
　それをヒントにして、今度は、自転車置き場の作品を出してください。
　こうした進め方がゴードン法です。

《まとめ》
「ゴードン法」は、「ブレーン・ストーミング法」よりも広い範囲の作品を得ることができます。

11. 入賞の答えが見つかる
　　「非分割結合法」を利用しよう

● ○○と○○を結合

「非分割結合法」は、発想法の初歩的な方法です。
　したがって、だれでも、どこでも、この方法を使うことができます。
　わかりやすくいえば、そのものを分割しないでくっつける方法です。

□「鉛筆＋消しゴム」
　たとえば、ここに鉛筆というものがあります。
　鉛筆を、そのまま、消しゴムと結合させます。

その結果、「鉛筆＋消しゴム＝消しゴムを付けた鉛筆」が生まれたのです。
　これで、アメリカのハイマンという画家は、約３億円という「ロイヤリティ（特許の実施料）」をもらったのです。
　これが「非分割結合法」です。
□「**スマートフォン＋カメラ**」、「**携帯電話＋カメラ**」
　ここに、スマートフォンがあります。携帯電話があります。それに、カメラを結合します。
　すると、「スマートフォン＋カメラ」、「携帯電話＋カメラ」となってヒットするのです。
□「**双眼鏡＋ラジオ**」
　たくさんの人が双眼鏡を持ってスポーツ観戦をしています。
　双眼鏡にラジオを付けたら、実況放送を聞きながら見物ができます。
　……、といった「双眼鏡＋ラジオ」の作品もそうです。これもヒットしました。
　このように、発明の世界では、そのものを分割もしないで、何かをくっつけてみる方法が一番やりやすいといわれています。
《まとめ》
　近頃は、軽薄短小で、何でも、軽く、小さくなっています。
　したがって、そのものに何をくっつけても大きくもならず、重くならないから複合製品で、形「製品」にできる作品が多くなったのです。
　これが、初歩の発想法の基本である「非分割結合法」です。

12. 入賞の答えが見つかる
「分割結合法」を利用しよう

● ○○を○○と○○に分割

「分割結合法」は、非分割結合法より、やや程度の高い発想法です。

それは、現在、あるものを分解したり、分析したりして、その分割されたある部分に、他の何かを結合させて、新しい作品（新製品）を生み出す方法です。

つまり、非分割結合法が分割しないで結合させるのに対して、これは、分割して結合させるという意味です。

□「だいふく餅＝モチ＋アズキのアン」

たとえば、ここに「だいふく餅」があります。

これを分割してみると、

□ ○○を○○と○○に分割

□ ①「だいふく餅」の外皮の部分は、「モチ」です。
□ ②「だいふく餅」の中味は、「アズキのアン」です。

……、となります。

□「雪見だいふく＝モチ＋アイスクリーム」

そのアズキのアンの代わりにアイスクリームを結合させます。

それが、モチとアイスクリームを結合した、「雪見だいふく」です。

これが分割結合です。

その結果、年に約70億円も売れる大ヒット商品になったのです。

しかも、特許という知的財産権になって独占したから生産調整もできて、いまでは、超ロングセラーの商品になっています。

発明の分野では、この分割結合は多くの人に利用されています。

《まとめ》

「雪見だいふく」を分析すると「モチ」と「アイスクリーム」になります。

その「アイスクリーム」の代わりに「イチゴ」をくっつけると「イチゴだいふく」になります。

このように、発明であれ、仕事であれ、行事であれ発想の転換をしよう

107

とすれば、この「分割結合法」を活用することができます。

13. 入賞の答えが見つかる 「飛躍結合法」を利用しよう

● ○○を飛躍させて結合

「飛躍結合法」は、非分割結合法、分割結合法より高度の発想法です。

「飛躍結合法」は、その名の示すように、質的に、機能的にとてもくっつかないだろう。……、というものを飛躍させてくっつける結合です。

だから、その名がついたのでしょう。

□ ブラジャー「ここちE」

たとえば、形状記憶合金を使ってワコールは、ブラジャー「ここちE」を作りました。

こんな金属とブラジャーなど肌に付けるものを作るところには関係ないハズです。ところが、この金属にブラジャーをくっつけてみたのです。

すると大ヒット商品になりました。

それは、またなぜでしょうか。

体温になるとバストがカッコいい形になるからです。

《まとめ》

そのくっつけるものは、「非分割結合法」でも、「分割結合法」でも、いいのです。

14. 入賞の答えが見つかる
「水平思考法」を利用しよう

● 固定観念を離れる

「水平思考法」は、ケンブリッジ大学のデボノ博士が唱えて世界に広めたものです。

その主張は、人はパターンでものを覚えたりします。

また、考えるくせがあります。しかし、それでは、新しい作品は生まれてきません。

□「サイフォンの原理」

たとえば、水は低い方に流れます。その通りです。

ところが、そういう型に入った考え方をする人には、サイフォンの原理は創作できないと思います。

《まとめ》

新しい発想には固定観念を離れることが必要だということです。

15. 入賞の答えが見つかる
「欠点列挙法」を利用しよう

「欠点列挙法」は、アメリカのG・E社から生まれた発想法です。

いまから、何かやろうとするテーマ「題目」について、その欠点をみんなで上げることです。

| □ ケチをつけることです。 |
| □ アラ探しをすることです。 |

欠点を探すのは、人間の本能のようなものです。それから発想を始める

のです。

　たとえば、ここにハンガーがあります。それについて、新製品を作ろうとするときは、いままでのハンガーの欠点を上げます。

　たとえば、次のような欠点、課題（問題）が見つかります。

◆ ハンガーの欠点、課題（問題）

①	□ 掛けた服がすべり落ちます。
②	□ 服の形が悪くなります。
③	□ 持ち運びに不便です。
④	□ 重いです。
⑤	□ 値段が高いです。
⑥	□ 材料が堅すぎます。
⑦	□ 色が悪いです。
⑧	□ インテリア的でないです。
⑨	□ トックリシャツが掛けにくいです。
⑩	□ 1つしか掛けられません。
⑪	□ しまうとき折りたためないです。
⑫	□ 長く掛けておくと虫が付きます。
⑬	□ ズボンが上手く掛けられません。
⑭	□ ネクタイやワイシャツが一緒にかけられません。
⑮	□ 遊び心がありません。
⑯	□ 香りがありません。
⑰	□ 美的な点がないです。
⑱	□ 子どもなどには無愛想です。

　……、などです。

　このようにできるだけ欠点を上げてください。

　そして、その一つひとつについて「ブレーン・ストーミング」をやります。

　すると、変わったハンガーが生まれるワケです。

《まとめ》

　世の中のすべてのものに欠点があります。

その欠点を見つけてください。

それを改良する、というところに発想の原点をおくのです。

すると、素晴らしい答えが見つかります。

16. 入賞の答えが見つかる 「願望列挙法」を利用しよう

「願望列挙法」は、欠点列挙法とは正反対の考え方です。

いまから何かやろうと思うときは、

| □ こうあってほしい |
| □ こうあればいい。 |

……、という希望を、次々上げて行きます。

希望の翼をもっと広げて、願望に近いものを、そして、さらに夢に近いものを無限に広げていきます。

すると、そこに素晴らしい答えがわいてきます。

《まとめ》

課題（問題）を解決する方法は、1つではありません。

発想法をたくさん活用してください。

そして、「あーでもないなあー」、「こうでもないなあー」……、と自問自答をしてください。

素晴らしい答えが見つかります。

111

● アイデア商品発明講座（通信教育）

　発明を体系的に学習できる「がくぶん」の通信教育講座があります。

『アイデア商品発明講座』（監修　中本 繁実）です。テキストも執筆しました。

　テキスト６冊「１ アイデア着想編・２ 試作編・３ アイデアチェック編・４ 出願対策編１・５ 出願対策編２・６ 売り込み・契約編」ＣＤ‐ＲＯＭ１枚（特許出願書類フォーマット集、実用新案出願書類フォーマット集、意匠出願書類フォーマット集、商標出願書類フォーマット集、企業への売り込み手紙フォーマット、企業との契約書フォーマット）付きです。

◆ 問合せ先・がくぶん「株式会社 学文社　〒１６２‐８７１７　東京都新宿区早稲田町５番地４号　ＴＥＬ０１２０‐００４‐２５２」です。

第4章

改善・提案も、発明・アイデアも
取り組み方は同じ

1．日日の生活を、改善・提案、
　　発明・アイデアでさらに楽しく

> Q．だれでも発明家だ、といわれますが、それはどういう意味ですか、
> 　教えてください。

〔ポイント〕

　だれでも、感情を豊かにして、それを自分の意識として受けとめ、喜び、楽しみは、２倍にも、３倍にもしようとします。

　逆に、悲しみ、憤りは、なくそうとします。

　その感情の転換が改善・提案、発明・アイデアになります。

● 作品のテーマ「題目」は、生活の中にある

　だれでも、毎日の生活を楽しみたいです。だから、さまざまなことを前向きに考えます。その行為自体が改善・提案、発明・アイデアをしていることです。

　いま、偶然にも本書を読んでいただいている、あなたは、発明家だったのです。

　ただ、いままで、自分が発明家だ！　……、ということを意識していなかっただけのことです。

　ムリもありませんよね。一般的に、発明家といえば、エジソンとか、ワットのような人か、大学の学者、企業の一部の研究者がするものだ、と思われていましたからね。

　本書を読んでいくうちに、少しずつそうじゃない。……、ということがわかってくると思います。

　いま、楽しくて、便利な生活ができるのは、先輩が私たちに素晴らしい技術を残してくれたからです。

　たとえば、エジソンが考えた電球は、本当に世の中を明るくしてくれました。ワットが考えた蒸気機関車も、電信も、電話も、現在の生活に大きな恩恵を与えてくれました。

　ついでに、筆者、中本のくらーい（!?）　性格を明るくしてくれました。

照明（証明）してくれています。

それとは、違う。……、という声が外野から聞こえてきそうですね。

● 人は、だれでも欲望がある

人は、だれでも欲望があります。だから、いま、どんなにぜいたくな生活をしている人でも、便利な器具がお店で販売されているのを見ると、その商品がほしくなります。

たとえば、いま使っている○○の商品は、とても便利です。ところが、今度は、それよりも、もっと便利なものがほしくなります。

でも、また、それに不満を感じます。その不満を満足にかえてください。

改善・提案、発明・アイデアは、毎日の生活そのものです。

では、ここで、日頃の生活を少しだけ、振り返ってみましょう。

答えが見つかります。

すると、お金「財産」につながる作品のテーマ「題目」が見つかります。

……、少し、考えただけで、２つ、３つの作品のヒントがひらめいたでしょう。

便利なものに改良しようと思う、あなたのいつもの優しさを発揮してください。日々の生活が、さらに楽しくなります。

イキイキしているあなたを見て、ファンが、いっぱいになりますよ。

改善・提案、発明・アイデアの学習は、いつからでも、スタートができます。私と一緒に勉強しましょう。

● 喜怒哀楽の情が改善・提案、発明・アイデアの源泉

人がだれでももっている「喜怒哀楽の情」が改善・提案、発明・アイデアの源泉です。

私たちは、いつも、どうしたら、いまよりも、さらに楽しく、いい生活ができるか、と考えながら、職場、家庭で生活をしています。

人は、感情の動物といわれています。

だから、思いどおりにことが運べば、嬉しく、喜び、楽しさを感じます。

不満があれば、失敗をすれば、憤り、哀しみをうったえます。

一つの動作、現象、あるいは、いま使っている商品などを見てください。

　そこに、何かを感じると自然に大きな夢のある、改善・提案、発明・アイデアの世界へ入っていけます。

【改善・提案例・1】

○○改善提案書

【改善提案提出日）】　平成○○年○月○日

【件名（作品の名称）】　おめでとう・寿文字

【現状の課題（問題）】

　いままでの慶事用の封筒、アルバムなどには、〝遊び心〟が足りませんでした。

【改善対策（内容）】

〝寿〟という字をくずした文字です。

　一見すると、ただの漢字の〝寿〟に見えますが、良く見てください。

〝お・め・で・と・う〟のひらがなの文字を組み合わせて、漢字の〝寿〟にしました。

【改善後、期待される効果】

　おめでとう・寿文字は、〝遊び心〟がいっぱいです。

　若い人たちのノリで楽しく使ってほしい、と願っています。

　きっと、用途も広がるでしょう。包装紙、アルバム、色紙、シール、ラベルなどに、この〝寿（お・め・で・と・う）〟が使われるでしょう。

　この〝寿（お・め・で・と・う）〟、もっと他の用途に使えないか。

　……、と考えるのも、また、「改善・提案、発明・アイデアの定石」です。

【説明図】

※「○○改善提案書」は、Ａ４サイズです。紙面の都合で形式通りになっていません。ご了承ください。

２．あなたの「優しさ」がお金「財産」になる

Q．どうすれば、小さな改善・提案、発明・アイデアがお金「財産」につながるのですか、教えてください。

〔ポイント〕

　あなたは、いま、使っている○○の商品、○○の部分が、不便だなあー、もっと使いやすくなるといいのになあー、と考えたこと、ありませんか。

　その瞬間を大切にしてください。ここで、あなたの、いつもの「優しさ」をいま使っている商品にプラスしてほしいのです。

　その知恵が将来、「特許などの知的財産権」になるのです。

● 改善・提案、発明・アイデアは、優しさから生まれる

　私たちは、毎日の生活の中で、いつも便利な「健康用品」、「台所用品」などのツールをたくさん使っています。

　商品は、多くの人の〝優しさ〟から生まれたものばかりです。

　いま、身近にあって、いつも得意になって使っている、その商品を一つ手に取っていただけませんか。

　それが便利なものだけに結構満足していると思います。

　ここで、ちょっとだけ、角度を変えて、見方を変えて、商品を使ってみてください。ビッグな夢のある不思議な世界が見えてきます。

　たとえば、機能的な「使いやすさ」の面に注目して見てください。

　いままで、あたりまえのように使っていたものが、ウッ（!?）と考え込んでしまうところが見つかります。

　たしかに、本当に便利だ、と思っていた商品にも、どこかに、1つか、2つは、機能上の欠点、使うとき、不便なところがあります。

　気になっている一部分を少しだけ改良してほしいのです。

　そうです。物品の形状（デザイン）、構造（しくみ）を少しだけでいいです。

　変えるのです。

　そうすれば、もっと使いやすくて、便利な商品になります。

● 特許を出願する前は、大きな声で自慢しない

　知的財産権のしくみ、考え方を知らない人は、自分の〝思いつき〟を得意になって、人に話したがります。自慢します。

　すると、数カ月後、あるいは、数年後にお店の売り場に同じような商品が並ぶ（顔を出す）こともあります。

　そのとき、〝しまった！〟と思っても、もう遅いです。

　だから、人に話たり、売り込み「プレゼン」の手紙を出すときは、○○の作品は、特許出願中「ＰＡＴ．Ｐ（パテント・ペンディング）」です。

　……、と書いておくことです。この肩書きが大切なのです。

　それで、興味を持ってくれれば、相談に来てくれます。

118

※「ＰＡＴ．Ｐ（Patent Pending）」は、特許出願中と、いう意味です。

● 未完成の○○の作品を完成させる

○○の作品の内容は、他の人（第三者）に公表する必要はありません。

内緒で自己流の「研究ノート（ＭＥＭＯ）用紙」を作って、○○の作品の創作をした事実を残しておくのです。〝研究ノート〟かっこいいでしょう。

１日も早く、完成させるために、自分で試作品を作ってみましょう。

実験（テスト）をしてみましょう。

本当に使いやすいか、効果が確認できます。

そして、不具合なところが見つかったら、悪いところを改良すればいいのです。

未完成だった、作品がまとまります。

完成させてから、第一志望の会社に採用してもらえるように、作品の売り込み「プレゼン」をすればいいのです。

完成させるまでの途中の、試作品の図面（写真）、テストの結果（データ）は、「研究ノート」に、まめにメモしてください。

その日付（○○年○月○日）が後々大切になります。

特許の権利を取るために、○○の作品は、未完成なのに、費用を30万円も、50万円も使う人がいます。

急いで出願した後で、すぐに、ウーン、こんなはずじゃなかったのになあー、……、と悩み、考えないようにお願いしたいのです。

日本は、先願主義です。だから、作品が完成し、形「製品」にできる見通しがついていれば、１日も早く、特許に出願することです。

◆ 参考文献

出願の手続きをする書類の書き方の参考文献は、「はじめの一歩　一人で特許（実用新案・意匠・商標）などの手続きをするならこの一冊（自由国民社刊）」、「完全マニュアル！　発明・特許ビジネス（日本地域社会研究所）」などがあります。

【改善・提案例・2】

○○改善提案書

【改善提案提出日）】　平成○○年○月○日

【件名（作品の名称）】　バンダナ風のよだれ掛け

【現状の課題（問題）】

　市販されている赤ちゃんの「よだれ掛け」は、大きさも必要以上に大きくて、色は、淡い色のものが多かったです。

　それで、スカーフ感覚で着けられるようなものがないか、と思い、お店でいろいろ探しましたが見つかりませんでした。

　赤ちゃん用の洋服は、可愛くて、洒落たもの、ブランドものがたくさんあります。それなのに、「よだれ掛け」が大きいので、せっかくの可愛い服が隠れてしまいます。

【改善対策（内容）】

　そこで、バンダナの生地を利用して、カウボーイ風の形（デザイン）にした〝よだれ掛け〟を考えました。そして、手作りで試作品を作りました。

　外形の大きさ（サイズ）も、少し小さめにしました。

【改善後、期待される効果】

　試作品を息子に着用させて、公園に行きました。

　すると、カウボーイ風のデザインが素敵ね、と周囲から大好評でした。

　同じくらいの年齢の子どもをもつ友人たちの評判になりました。

【説明図】

※「○○改善提案書」は、Ａ４サイズです。紙面の都合で形式通りになっていません。ご了承ください。

3．〝思いつき〟を〝なるほど〟にしよう

> Q．〝思いつき〟を〝なるほど〟といってもらえるようにするためには、どうすればいいですか、教えてください。

〔ポイント〕

　いまは、「特許などの産業財産権（工業所有権）＋著作権＝知的財産権」の時代といわれています。知恵が大切なのです。

　その結果、１億総発明時代ともいわれています。したがって、知的財産権の分野は、急速に発展していくでしょう。

　これから、さらに知的財産権は大事になります。

● 背伸びすることはない

　改善・提案、発明・アイデアは、学校の勉強と違います。

　改善・提案、発明・アイデアは、大好きなこと、それも、１科目、大切

なテーマ「題目」だけを、好きな時間に、好きなだけやればいいのです。

大好きなことです。だから、楽しいですよ。夢中になって、何時間でもできます。

毎日の生活を楽しんでください。得意なテーマ「題目」で、好きな分野の作品にチャレンジしてください。

それだけで、プロでも舌をまく作品が形「製品」に結びつくのです。

だけど、ここで、あわててはいけません。

急いではいけませんよ。○○の作品は、素晴らしいです。

だから、すぐに権利を取りたいです。特許に出願をしたいです。……、と入門したばかりの新入生は思います。

ここで、少し、頭脳を休憩させてください。そして、冷静に考えてみましょう。

ところが、まだ、書類の書き方の学習をしていません。自分では出願できません。それで、代筆をプロに頼もうとします。急いで出願するために、お金を使うのです。

本人は、お金を使って、出願します。だから、権利が取れます。形「製品」にもなります。……、と思っています。

ところが、多くのケースが、出願＝権利＝形「製品」ではありません。

予定通りには、上手く行かないものです。

● ○○の作品は、形「製品」になりそうか

費用のこともありますが、それよりも、先に考えてほしいことがあります。

□ ○○の作品は、形「製品」になりますか。□ 試作品の出来栄えはいかがですか。□ 実験（テスト）の結果はどうですか。□ ○○の作品、完成度は高まりましたか。

……、ここで、お金「財産」を使って、急いで出願する前に、もう一度、確認してみましょう。

出願書類は、勉強すれば、だれにでも書けます。出願も、所定額の出願手数料（特許印紙代）だけで、できます。だから、その出願ちょっと

待ってほしいのです。タダの頭、手、足は、たくさん使っても結構です。

だけど、ムリをしないでください。ムダなお金を使わないでほしいのです。

この鍛練が大切です。もう一歩の練り方、みがき方で、○○の作品の形「製品」が見えてきます。そのチャンスは、だれにでもあります。

お金「ロイヤリティ」がもらえるようになります。

だから、発明すると、「元気」が出ます。

あなたの周辺には、形「製品」にできる題材がたくさんころがっています。

ここで、もう一度、良く観察しましょう。

◆ 参考文献
「書類の書き方」は、拙著「はじめの一歩 一人で特許の手続きをするならこの1冊 改訂版（自由国民社刊）」などがあります。

● 形「製品」のゴールをめざして、元気良くスタートしよう
ムリをしてお金を使わなくても「発明力」はつきます。

最近は、各会社とも、町の発明家の新鮮な作品を歓迎しています。

実際に、サラリーマン、ＯＬ、主婦などの生活感のある作品を採用して、形「製品」にしてくれています。

発明の潜在人口は、約700万人とも、約800万人ともいわれています。

その大きな知恵を、知的財産権を、会社は歓迎しています。

【改善・提案例・3】
○○改善提案書

【改善提案提出日）】 平成○○年○月○日

【件名（作品の名称）】 フリーサイズ式の落とし蓋

【現状の課題（問題）】
　煮物料理になくてはならない小道具といえば〝落とし蓋（ぶた）〟です。
　いままでは、木製のものが多く、鍋のサイズに合わせて、何種類も用意していました。
　どこの家庭も、台所は狭いです。それが普通です。だから、３枚も、４枚も落とし蓋があっては、収納場所に困ります。そこで、１枚で何とかならないか、と考えました。

【改善対策（内容）】
　最初は、蓋を真ん中から２つに切って、横にスライドするようにしました。
　いくつか試作品を作りました。実験（テスト）をしました。何度も改良を重ねていくうちに、１枚で、どのサイズの鍋にもぴったりという〝フリーサイズ式の落とし蓋〟を完成させました。

【改善後、期待される効果】
　１枚で、どのサイズの鍋にも対応できます。
　収納場所に、困ることがなくなりました。

【説明図】

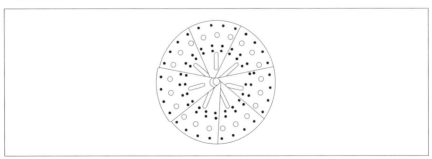

※「○○改善提案書」は、Ａ４サイズです。紙面の都合で形式通りになっていません。ご了承ください。

4．人間の源泉は、頭脳「発明力」

Q．発明力を高めるためには、どうすればいいですか、教えてください。

〔ポイント〕

　人間が幸福になるためには、産業、文化の発展が必要です。

　そのためには、みなさんのタダの頭脳「発明力」をたくさん使うことです。

● 発明力を高める練習が必要

　教育の究極の目標は、発明力の養成です。

　とくに、情報化社会という中で、コンピュータの発達はデーターベースの存在をもたらし、その面では、人間の能力をはるかに超えています。

　ここで、大事なことは、そのコンピュータの能力をベースにして、それに人間のもつ「発明力」を働かせて、新製品を開発することです。

　この発明力を養う最高の手段が、特許、意匠などの産業財産権「工業所有権」を取って、アイデアをお金「財産」にしよう、出世をしたい、という人間の欲望に火をつけることです。

　たしかに、手段としてはあまりほめられたことではありません。

　ところが、これが1番効果的な手法です。

　最初は、お金「財産」がほしい、出世したい。……、という「欲望」が新製品を開発することに専念させます。

　その間に、想像の楽しさ、喜び、を知るようになり、利己心は薄れていきます。

発明は、恋愛と同じだと思います。

最初は、いろいろなタイプの異性に興味をもつと思います。

それは自由です。だれにも拘束されることもありません。

発明も恋愛と同じように、興味をもちはじめた頃は、作品のテーマ「題目」を決めていません。だから、だれでも手当たりしだいに、思いつきの○○の作品が浮かんできます。

そういう人は、近い将来、作品を形「製品」にできる型の人です。

● 一人・一テーマ・一研究をしよう

私は、長い間、改善・提案、発明・アイデアの指導をしています。

ときどき、残念に思うことがあります。

それは、２年、３年すると姿を消してしまう人がいることです。

それは、また、なぜでしょう（!?）

その理由は、数カ月前は、「台所用品の改良」をしていたかと思うと、今度は、健康が話題になっているから、……、といって、「健康器具の改良」というように、見るもの、聞くもの、何でも作品のテーマ「題目」にしてしまうのです。そして、改良を加えようとするからです。

何でも興味をもつことは、トレーニングをしているときは大切なことです。

発明力を高めるための練習には欠かせないことです。

でも、マイナス面もあります。

それは、いつまでたっても、形「製品」にできました。……、といえるゴールが見えてこないことです。

それで、私には、新製品を開発できる才能がない（!?）　と思い込んでしまうのです。

ある一定の水準に達したら、しっかりした作品のテーマ「題目」を決めることです。そして、中心になるものを必ずもつことです。

半年、１年と続けて深くきわめる作品のテーマ（題材）が必要です。

いわゆる「一人・一テーマ・一研究」です。

それが人間としての本当の姿です。

国は、産業財産権（工業所有権）と著作権という知的財産権を作って国民の発明力を養おうとしているのです。

【改善・提案例・4】
○○改善提案書

【改善提案提出日】 平成○○年○月○日

【件名（作品の名称）】 簡単に筋目が入れられるウインナーカッター

【現状の課題（問題）】
　この作品は、ウインナーソーセージに包丁で筋目を入れる調理しているときに、アッと〝ひらめき〟ました。

　ウインナーソーセージは、みかけと熱通しを良くするために、包丁で筋目を入れます。

　これがなかなか煩わしくて大変です。そこで、ワンタッチで簡単に、この筋目を入れることができないかって、思って考えました。

【改善対策（内容）】
　円筒状の筒を2つに割った容器の内側に、斜めに刃を付け、そこにウインナーソーセージを挟んで容器を掴むと、ワンタッチで簡単に、この筋目を入れることができます。

【改善後、期待される効果】
　ウインナーソーセージに筋目を簡単に入れられので、調理時間も短縮できました。

　筋目の位置が同じにできるので、キレイにウインナーソーセージの調理ができます。

【説明図】

※「○○改善提案書」は、Ａ４サイズです。紙面の都合で形式通りになっていません。ご了承ください。

5．○○の作品、人のため、世の中のために考える

> Q．○○の作品を形「製品」にできるように、めざしたいのですが、どんなところに注意すればいいですか、教えてください。

〔ポイント〕

　もともと、○○の作品が世の中に出るためには、○○の作品が、人のため、世の中のためになる要素を備えていることが必要な条件になります。

　世の中の利益につながる作品であることが大切だ、ということです。

　それは、発想の根本を他の人（第三者）を中心におかないと、形「製品」にできる本物の作品は生まれません。

● 人が喜んでくれる○○の作品にしよう

　形「製品」になった○○の作品の事例には多くの教訓がかくされています。

　あとから解説すれば、簡単に形「製品」になったようにみえますが、そ

んなことはありませんよ。失敗を重ねた悪戦苦闘の結果です。

　そこで、読者のみなさんには、ぜひ、次のことを念頭において形「製品」にできるようにまとめてほしいです。

① 難しい作品のテーマ「題目」は避けよう

　たとえば、電車のスピードをアップするために「超伝導（リニアモータ）」の技術を活用することです。

　バイオの技術を応用して、食べものの味を良くしよう。……、といったことを考えることです。

　自分に、その分野の技術、知識がないのに、新製品を開発しようとしても、いつまでたっても、課題（問題）を解決するための答が見つからないのです。

　それでは、未完成の状態のままで終わってしまいます。

　○○の作品の思いつきを具体化することが発明です。

　発明は課題（問題）を解決するための、知識が必要です。

　したがって、思いつきを具体化するためには、職場、家庭などで直面する身近なものにしましょう。

　自分の得意な分野の技術、知識を作品のテーマ「題材」に選べば、新製品を開発するのが楽しくなります。

　不得意な分野に、興味があって、チャレンジしたい。

　……、いいですよ。

　でも、その分野の勉強が必要です。また、内容を理解するまでに相当の時間がかかります。

　開発費に、お金もかかります。結果（答え）を出すのは大変です。課題が解決しなければ、いつまでたっても形「製品」になりません。

　それでは、工夫することさえイヤになってしまいますよ。

② タダの頭、手、足を使っても、ムリ、ムダなお金は使わない

　改善・提案、発明・アイデアするとき、タダの頭、手、足はたくさん使ってください。

体も、心も、元気になります。ムリをして、ムダなお金だけは使わないでくださいね。

なぜか、というと、お金を使ったから、……、といって、形「製品」になる○○の作品が生まれるとは限らないのです。

また、必ず、○○の作品は形「製品」になります。……、という保証もありません。〝製品化のパスポート〟は、だれも発行してくれませんよ。

③ たくさんの作品の量「件数」を出そう

○○の作品が形「製品」になる確率は、作品の量「件数」に比例するといわれています。

また、課題（問題）を解決する方法も1つだけではないということです。

いまの時点では、量（件数）をたくさん出すことだけを考えましょう。

④ 「アイデアは愛である」という発想をしよう

発明・アイデアの基本は、「優しさ」です。

たとえば、子どもをいかに「可愛く」してあげるか、好きな人に喜んでもらえるか。……、といった視点をもつ方が、いいものができる可能性が高いということです。

⑤ メモを取る習慣をつけよう

発想する第一歩は、不便なこと、困ったことを解決するということです。

たとえば、電車の中で思いついた。……、としても少し時間がたつと忘れています。そこで、思いつきのヒント、腹がたったことなどを必ずメモを取るようにしましょう。

【改善・提案例・5】

○○改善提案書

【改善提案提出日）】 平成○○年○月○日

【件名（作品の名称）】　刃に折り目を付けたカッター

【現状の課題（問題）】

　印刷会社では、印刷物をカットしたり、切り抜きなどの作業で刃物を良く使います。

　しかし、これは、刃の先がすぐ切れなくなります。手間がかかります。

　それで、片刃の安全カミソリの刃を買ってきて、使い捨てにするようになりました。

　ところが、5回か、6回使うと、もう刃が切れなくなって、刃を捨ててしまいます。

　これは、とても、もったいないです。

　そこで、なんとかならないか。……、と考えました。

【改善対策（内容）】

　刃に折れ目を入れることを考えました。

　そのとき、ヒントになったのが、板状のチョコレートの折れ目です。

　その折れ目をカッターに応用しました。

　刃物に、斜めに平均に折れ目を入れました。

【改善後、期待される効果】

　1枚の刃で、刃が切れなくなったら、折れ目でカットして、何度も使えるようになりました。

　替え刃を買う枚数が少なくなるので、消耗品代が節約できます。

　刃を交換する回数が少なくなり、作業効率もアップします。

「ＯＬＦＡ」は「折る刃」という意味です。

【説明図】

※「○○改善提案書」は、A4サイズです。紙面の都合で形式通りになっていません。ご了承ください。

6．思いつきのヒントは、質より量を

> Q．思いついた一つの作品を形「製品」にしようと思っていますが、難しいでしょうか、教えてください。

〔ポイント〕

　ヒントの数をたくさん出せるようになれば、いい着想をつかまえる能力も自然にそなわってきます。

　このヒントを考える発明力は、天性のものではありません。

　ある程度の練習によって、いくらでも伸ばすことができます。

● 思いつきのままではいけない

　改善・提案、発明・アイデアの勉強をスタートして、間もない人から、私は、10件、○○の作品を考えました。それで、日曜発明学校に参加して面接相談の講師に相談したところ、みんな〝落第発明〟だ！　……、といわれてしまいました。

私には、改善・提案、発明・アイデアのセンスがないのでしょうか。

……、といった内容の悩みの相談を受けました。

そんなとき筆者は、次のように説明をします。

最初に思いつくヒラメキ、思いつきの作品は、形「製品」にできるところまでいっていないことが多いのです。

だから、10個、20個のヒントを考えて、その小さな作品がすぐに形「製品」結びつく、……、というわけにはいかないのです。

したがって、そうしたヒントを楽しみながら、100個くらいは考えてください。そうすると、その中にピカッと光るヒントが1つか2つは見つかるものです。

そのヒントに、また、10個、20個の作品を考えてください。

その結果、素晴らしいゴールが見えてきます。

……、とこたえます。

作品のヒントは、質より量を心掛けてください。

それが自分の体験と知識になって発明力が育つのです。

● 再スタートするときは、大きなエネルギーが必要

電車でも、車でも、スタートするときは、大きなエネルギーが必要です。

しかし、その割合に速度は出ません。

ところが、いったん走り出してしまえば、たいしたエネルギーを使わなくてもある一定のスピードを保つことができます。

改善・提案、発明・アイデアを考えることも同じです。ある1つのヒントを思いついたとします。

ところが、少し考えている間に、たいしたものではない。……、とわかってしまうと、1カ月も、2カ月も、休んでしまう人がいます。

そのうち、○○さんが考えた小さな作品が形「製品」になりました。

……、といった嬉しいニュースでも聞くと、また、力がわいてきて何かを考えようとします。しかし、また、いつの間にか忘れてしまいます。

そのくりかえしでは、いつまでたっても財産になる小さな作品は生まれてきません。

● 素晴らしいヒントは思い出せない

　1日のうちのどこかで考える時間を作ってください。

　ヒントは、成長するとともに他の方面の新しいヒントまで浮かんできます。

　そのとき、頭に浮かんだヒントは忘れないように、すぐにメモを取っておきましょう。

　私たちは1日のうちにたくさんの人と会って話をすると思います。

　テレビ、新聞、雑誌からも情報がたくさん入ってきます。

　しかし、その一つ一つのすべてのことを記憶している人はいないでしょう。

　それが普通です。自然なことです。だから、ふと浮かんだヒントも、そのときに覚えていても、その瞬間をすぎると忘れてしまい、なかなか思い出せないものです。

　そのためには、メモを取るための「研究ノート（「ＭＥＭＯ)」をいつも携帯しておくことです。

　そして、「研究ノート」に思いつきの作品を書いてください。たくさん書けた頃、財産になる小さな作品が生まれます。

【改善・提案例・6】

○○改善提案書

【改善提案提出日)】　平成○○年○月○日

【件名（作品の名称)】　金タワシをメッシュでくるんだ
　　　　　　　　　　　「手に優しいステンたわし」

【現状の課題（問題)】

　フライパン、鍋の煮こぼれを落とすために使う金だわしは、力を入れてこすると、自分の指先を傷付けてしまう欠点がありました。

【改善対策（内容)】

　金だわしにナイロンネットを被せてみると握り心地もよく、何度も試作

品を作り、使っているうちに、力も十分に入ることがわかりました。

【改善後、期待される効果】
　金だわしにナイロンネットを被せると、自分の指先を傷付けることもなく、悩みが解決しました。

【説明図】

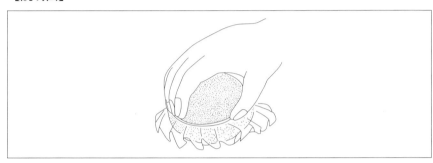

※「〇〇改善提案書」は、Ａ４サイズです。紙面の都合で形式通りになっていません。ご了承ください。

7．生活感のある〇〇の作品

> Q．作品のテーマ「題目」のどこに的をあてたらいいのでしょうか（!?）教えてください。

〔ポイント〕
　筆者のデータでは、家庭用品の分野の作品で形「製品」にできた人は、圧倒的に女性が多いです。それは、長い経験の中から、不便、困ったこと

135

を見つけて、その課題（問題）を解決しているからです。

自分で課題が解決できる作品のテーマの選び方がポイントになります。

● 主婦が考えた家庭用品は生活感がある

家事といえば、主婦の専業でした。いまは、時代が変わりました。

外に働きに出る女性が多くなったからです。また、女性の仕事は、家事だけが中心ではありません。

そこで、家事を能率的に処理するため、電気洗濯機、電子レンジ、大型冷蔵庫、その他、電気製品も続々と生まれました。

それでも、主婦の仕事は荷重です。だから、一層能率化、省力化が望まれるわけです。

いま、一般の主婦が担当する仕事を大別してみましょう。

朝起きるとともに、食事の支度をして、掃除、洗濯があり、育児、教育などがあります。

その他、毎月の生活の必需品の買い物、となり近所のつき合いなどがあります。

ことこまかに分けたら、どれほどの項目になるか、わからないと思います。

こうした繁雑な仕事、しかも、それが、毎日、連続して行われるところに、不便だ、面倒だ、ということも強く感じます。

形「製品」になっている家庭用品の作品の多くが主婦であり、主婦が考えた家庭用品は、生活感があります。家事のテーマ「題目」は山ほど残っています。

作品のテーマ「題目」がたくさんある、ということです。

● 奥さん、彼女のアドバイスを受けよう

次に紹介する項目は、「女性の発明家サークル」の参加者に聞いた内容のものです。

参考にしてください。奥さん、彼女のアドバイスを受けながら、新製品を開発してみてはいかがでしょう。

136

第4章　改善・提案も、発明・アイデアも取り組み方は同じ

〔作品のヒント〕

□ ① 魚料理の洗い場、器具の生臭さの処理はどうすれば解決できますか。

□ ② 目玉焼きを作るとき、きれいに、美味しく、焼ける方法はありませんか。

□ ③ 油汚れのひどいフライパンは、どうすればキレイになりますか。

□ ④ ガスレンジは、いつもきれいですか。

□ ⑤ 換気扇の油の汚れは、どうすれば簡単に取れますか。

□ ⑥ 子どもの運動靴を洗ったあと、上手い干し方はありませんか。

□ ⑦ 洗濯機で洗って落ちない汚れはどうすれば取れますか。

□ ⑧ セーター、ストッキングを洗うときは、どうしていますか。

□ ⑨ タンス、ベッドの下の掃除はできますか。

□ ⑩ 窓枠、サッシのレールの掃除は、どうすれば簡単にできますか。

□ ⑪ 赤ちゃんの散髪、爪きりはどうしていますか。

□ ⑫ 子どもの寝冷えは、お母さんの責任ですか。

　……、などです。

　どの一つを取り上げても、改善・提案、発明・アイデアのヒントとして確かなものです。

　そこで、たくさんの疑問を整理して、その中から考える課題（問題）をしぼってください。

〔チェック〕

　この項目にあてはまる、形状、構造（しくみ）の作品の図を次々に描い

□ ① 使いやすい形状にできないですか。

□ ② 作りやすい構造（しくみ）にできないですか。

□ ③ 安くても、高価に見えるデザインにできないですか。

てください。そして、作品を形「製品」に結び付けてください。

【改善・提案例・7】

○○改善提案書

【改善提案提出日）】　平成○○年○月○日

137

【件名（作品の名称）】　着・脱兼用の靴ベラ

【現状の課題（問題）】

　靴ベラは、靴を履くときに使うのが一般的です。

　これまで、どういう方法で靴を脱いでいたか、……、というと、両方の靴のかかとをゴシゴシとこすり合わせながら靴を脱いでいました。

　すると、靴のかかとの部分にキズが付いてしまいます。

　キズになる欠点がありました。

【改善対策（内容）】

　普通の靴ベラの先端に２カ所切り込みを入れて、中央に小さなベロを作りました。

　靴を履くときに使う靴ベラは、一般的でしたが、この靴べらは、靴を脱ぐときに、使えます。

【改善後、期待される効果】

　靴のかかとの部分にキズを付けることがなくなります。

　１本の靴べらで、履いたり、脱いだりできるので、とても便利です。

　靴を脱ぐときに、両方の靴のかかとをゴシゴシと、こすり合わせなくても靴を脱げるので、靴のかかとの部分にキズを付けることがなくなりました。

【説明図】

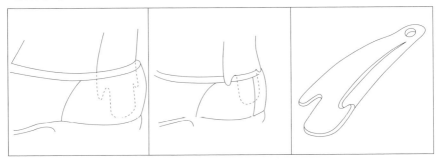

※「〇〇改善提案書」は、Ａ４サイズです。紙面の都合で形式通りになっていません。ご了承ください。

8．最初は、60点、70点の作品をめざそう

> Q．どうすれば、形「製品」になる深みのある作品は生まれるのでしょうか、教えてください。

〔ポイント〕
　得意な分野の技術、知識の中から改善・提案、発明・アイデアのテーマ「題目」を選びましょう。答えは簡単に見つかります。

● 〇〇の作品の売り込み「プレゼン」にも力を入れよう
　改善・提案、発明・アイデアの学習をはじめて、２年も、３年もたつのに、まだ、形「製品」にできません。……、となげく発明家がいます。
　それは、なぜでしょうか（？）
　発明家は、考えることには、力を入れますが売り込み「プレゼン」には、時間とエネルギーを使わないのです。
　発明家特有の気質によるものです。
　〇〇の作品が飛び抜けたもので、しかも、すぐに、形「製品」にできる、というものでしたら、数人の社長さんに見てもらえば、スポンサーは、見つかるでしょう。
　しかし、最初から100点満点の作品を望んでも、気持ちは良くわかりますが、難しいです。良くて80点です。
　筆者は、いままで、何万件と作品の相談を受けてきましたが80点台の

作品にはまだおめにかかったことがありません。

たいてい、60点から70点です。それが、普通です。

だから、1人、2人の社長さんに見てもらって、すぐに、形「製品」に結びつくのは難しいです。

少なくとも、20人、30人の社長さんに見てもらいましょう。

そして、ほれてくれる社長さんに出会うまで、売り込み「プレゼン」をしましょう。

● 会社の社長さんの、個性もまちまち

町の発明家の作品を求めている会社の社長さんの方は、個性的な人が多いです。

しかも商品は多様化しています。

○○の作品は、自分では80点以上です。……、と思っていても、社長さんの採点は、60点でした。それで、採用されないこともあります。

あるいは、自分では、60点くらいかなあー、と思っていても社長さんの中には、一部分が気に入って心を動かしてくれる人もいます。

しかし、相当気に入ってくれたとしても、採用して形「製品」にするとなると、作品の内容にもよりますが、形「製品」にでるまでには、相当額の開発費用が必要です。

すると、社長さんの方でも、採用に踏み切れない、というのが実情のようです。

一般的に、早く形「製品」にできるポイントは、次のようなことがいわれています。

〔チェック〕

□ ① 売れすじ商品、人気商品に関連した作品を考えることです。 まったく新しい作品より少し改良した作品の方が簡単です。
□ ② 流通のしくみを知り、専門メーカーをねらうといいでしょう。
□ ③ 機能的で、実用性だけでは、商品は売れません。
□ ④ 「かわいい」、「簡単」、「買いやすい」の、3Kがそろった商品が売れます。

第4章　改善・提案も、発明・アイデアも取り組み方は同じ

【改善・提案例・8】

○○改善提案書

【改善提案提出日）】　平成○○年○月○日

【件名（作品の名称）】　表示欄を付けた靴べら

【現状の課題（問題）】

　靴は下駄箱等を利用するのが一般的ですが、人が多い場合は、下駄箱に入りきれなくてあふれてしまうので整理する人は大変です。

　そのため、下駄箱の近くに靴をそろえて置きます。ところが、同じような形の靴がたくさんあるため、靴を間違えられたり、靴を揃えて固定していないため、左右の靴がばらばらになってしまいます。

　しかも、最近の靴は、型がだれにでも合うように作られています。だから、間違った人も注意されてはじめて気が付くという状態です。

　また、靴べらが用意されていないところもあります。

　自分の靴があわかるように、あらかじめ洗濯用のクリップなどを持参し、左右の靴を固定している人もいます。

【改善対策（内容）】

　靴べらの外形の形状を、靴と同じ形状にしました。内側にU字状の切り込み溝を作りました。そのU字状の切り込み溝がクリップになります。

　そして、片面に「氏名・住所・電話番号、……、などの表示欄を付けました。

【改善後、期待される効果】

　使い方は、簡単です。左右の靴を揃え、このクリップ（U字状の切り込み溝）ではさむだけです。

　なお、靴べらの表面に靴の模様などを描いてもいいです。

　これで、下駄箱がないようなところでも自分の靴が目立つというわけで

141

す。

　その結果、靴べらに氏名を書いているので、靴を間違うことがなくなります。左右の靴がばらばらになることもありません。

　携帯に便利なので、靴べらとして、いつでも使え、わざわざ靴べらを準備することもないし、携帯の必要もありません。

　デザインも特徴があります。ギフト用品として使えます。

【説明図】

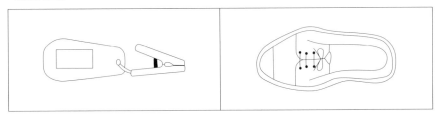

※「○○改善提案書」は、Ａ４サイズです。紙面の都合で形式通りになっていません。ご了承ください。

第5章

カタイ頭をほぐしてくれる
中本 繁実の講演会
はじめて学ぶ「特許」

★ 最初にお願いがあります

　読者のみなさんが、難しそうな人「特許（発明）」と、和んでいただけるように、私（中本 繁実）の講演会の一部を紹介させてください。

　これから、発明・アイデアを楽しく、学んでいただきたいと思っています。

　だから、というわけではないのですが、中本 繁実の講演会は、恋愛のたとえばなし、楽しい、言葉遊び（ダジャレ）が頻繁に飛び出します。

　それでは、講演会を開始します。

　ワクワク、ドキドキを体験しながら、読んで（聞いて）ください。

　よろしくお願いします。

第1部・前編

1．仲がいい「産業財産権」と「著作権」は、「知的財産権」

● 「産業財産権（工業所有権）＋著作権＝知的財産権」って、何（なに）

　私「産業財産権（特許、実用新案、意匠、商標）」の自己紹介から聞いてください。

◆ 「知的財産権」＝「産業財産権＋著作権」

知的財産権	産業財産権	□ 特許（発明）パテント　Patent「とっきょ」 □ 実用新案（考案））utility model「じつようしんあん」 □ 意匠（デザイン）design「いしょう」 □ 商標（ネーミング・サービスマーク）registered trademark「しょうひょう」
	著作権　コピーライト　Copyright	

　みなさんとは、はじめましてです。

　私「産業財産権」は、みなさんの創作物を保護する人「法律」です。

　あなた「創作物」を1番大切にします。

　これから、「産業財産権」と、長いおつきあいになります。

　よろしくお願いします。

　さて、私「産業財産権」は、特許「技術（機能）的な発明」、意匠「物品の形状（デザイン）」、商標「商品の名前（ネーミング）、役務の名前（サービスマーク）」などを保護する法律です。

　ここで、私「産業財産権」の大親友のお友達「著作権」を紹介させてく

ださい。

「著作権」は、文芸、学術、美術、音楽など、文化的なものを守る人「法律」です。

　思想感情の表現を保護してくれます。

「著作権」は、優しい人「法律」です。おつきあいするのに、お金もかかりません。

　それなのに頼りになります。

　よろしくお願いします。

「著作権」は、たとえば、ここに表現している内容を保護する人「法律」です。

　この本に表現されている内容は、筆者の私、中本 繁実の「著作権」です。

「著作権」があるから、他の人（第三者）は、勝手に複写して使うことはできません。

「産業財産権」と「著作権」を合わせたものを「知的財産権」といいます。法律的にいうと「無体財産権」のことです。

　形がない無形の財産ということです。

　この「知的財産権」の言葉も、少し難しい感じがします。はじめての人は、言葉を聞いただけで、いやだあー。……、という人もいるかも知れません。

　でも、そんなこと、いわないでくださいよ。そして、このページを飛ばさないでくださいね。本だけに本当にお願いします。

　普通電車に乗って、ノンビリと、気持ちに余裕をもって、スタートしましょう。

　特急電車に乗ると、スピードは、早いと思います。だけど、利益（駅）を飛ばしてしまいますよ。

● 楽しい将来のために、メモを取っておこう

　今日から、「産業財産権（特許、実用新案、意匠、商標）」と「著作権」、楽しいおつきあいをスタートします。

145

お互いに、得意な分野も同じです。好意をもっています。だから、近い将来、相思相愛になれると思います。期待していますよ。

2人が恋をして、デートをするようになりました。いつも、会話が楽しいでしょう。笑顔で、将来の夢を語り合うでしょう。

2人だけのルールを決めて、いろいろな約束をすると思います。

そのとき、メモを取っておくといいですよ。そして、○○年○月○日に約束したことを忘れないように残しておいてください。

たとえば、デートをしているとき、ささいなことでケンカをするときもあるでしょう。そういうときって、その雰囲気が〝まずい〟と思いながらも、仲直りのタイミングがつかめなくて、2人は困っています。

いま、気持ちに余裕がありません。だから、ムリですよね。

それを助けてくれるのが、前向きなことを書いているメモです。いい意味で仲直りのツールとして使えるかも知れませんよ。

だって、いつまでも意地をはっていても、いいことなんてありませんよ。

ここは素直になりましょう。そして、ゴメンナサイ、といいましょう。それが1番です。

楽しいことも、嬉しいことも、悲しいことも、苦しいことも、たくさん、経験をしてください。

毎日、いいことばかりを期待しても、上手くいかないことがあります。

でも、プラス発想をしている、あなたを彼女（彼）は見ていますよ。

だからこそ、この人なら大丈夫、結婚したい。……、と思うようになるのです。

だから、「産業財産権」も、「著作権」も大切です。恋人同士だった「産業財産権」と「著作権」が結婚すると夫婦「知的財産権（夫婦）＝産業財産権＋著作権（恋人同士）」になる。……、ということです。

● 特許、意匠などの「産業財産権」
□ 特許、意匠などの「産業財産権」は、手続きが必要

○○の作品の権利を取るためには、どうすればいいですか。

特許、意匠などの産業財産権を取るためには、特許庁（〒100‐8915

146

東京都千代田区霞が関3‐4‐3）に手続きが必要です。

「Ａ４（横21㎝、縦29.7㎝）サイズ」の用紙に、創作物の内容を形式にまとめた書類を提出します。

それから、審査「形式の審査、内容の審査」をして、登録になって、はじめて権利が発生するのです。

□「著作権」の、手続きは不要

「著作権」の権利は、自然に発生します。手続きは不要です。

ここで、簡単にまとめてしまうと、「特許、意匠などの産業財産権」は、登録します。「著作権」は、登録しません。……、の違いです。

「著作権」は、無登録です。だから、いつでも、○○の作品は、○○年○月○日に考えました。……、といえるのです。

その結果、一般的に、小説家、漫画家の人は、財をなす人が多いといわれています。

創作物が公表されたとたんに、でき、ふでき、に関係なく「著作権」が発生しているからです。

しかも、「著作権」は、本人の死後50年間存続します。

映画は、公表後70年です。

だから、その創作物が、いつ、どこで、世に出ようとも、その印税（著作権料）が入ってくるのです。

● 忙しくて、時間がない、といって、お金を使っても

技術系の人は、毎日、仕事の中で、新製品の開発をしています。

中には、小さな作品もあります。大きな作品もあります。だけど、そのことを本人は気がついていないのです。

特許の出願の手続きのしかたを知っていても、毎日の仕事で、書類にまとめる時間が取れなくて、出願をしないケースが多いのかも知れません。

でも、仕事が忙しい、今日も残業、といって、いつも彼女（彼）のことを大切にしていないとマジにダメになりますよ。

ここは、「イエローカード」の注意です。お互いに気をつけましょうね。

時間がない、……、といって、特許の出願をプロにお願いすると、手数

147

料が、30万円も、50万円もかかりますよ。

いま、そんな余裕がありますか。

あなたは、1回のデート代に、30万円も、50万円も、使いますか。

そのとき（数時間）は、贅沢ができて、楽しいでしょう。

だけど、これから、日々の生活を楽しく過ごすことを考えてください。

ムリをして、お金（給料）を使うと、毎月の生活費が不安で、信頼できなくて、ついてきてくれませんよ。

● 費用は、所定額の特許印紙代だけで出願できる

この機会に、自分で、特許の書類が書けるようになりましょう。

費用は、所定額の特許印紙代だけですみます。

○○の作品は、あなたが責任をもって、出願して、形「製品」にできるように育ててあげましょう。頼もしい人は、モテます。

だれでも、自分の子どもを育てるのに、いっぱい、いっぱいですよ。

特許などの知的財産権の手続きをしなければ、数カ月後、あるいは、数年後に形「製品」になりました。……、といってもお金「ロイヤリティ」はもらえません。

それでは、一生懸命がんばったのに、くやしいじゃないですか。

書類にまとめましょう。だまっていたら、近い将来、彼女（彼）は、他の人と結婚してしまいますよ。

学校を卒業して、数年後に、同窓会であったとき、私は、○○さんと、結婚したのよ、といわれたら、どうしますか（!?）

好きな人がいたら、ラブレターを書いてください。

あなたが大好きです。……、と表現してください。

それを、伝えてくださいよ。……、ということです。

● 「産業財産権」と「著作権」の守備範囲は

ここで、少し話を整理してみましょう。

産業財産権「特許、実用新案、意匠、商標」も、著作権も、それぞれ守備範囲があります。

148

創作したもののすべてを、特許だけで、まもってくれるわけではないのです。著作権だけで、まもってくれるわけではないのです。

たとえば、私は、○○年○月○日に、○○の作品を○○学会の雑誌で発表しました。

それで、○○の作品は、すでに著作権になっています。

だから、特許に出願しなくても大丈夫です。……、といって、そのままにしないでくださいね。

特許「産業財産権」と著作権は、別々の権利です。

特許「産業財産権」は、特許庁に、手続きが必要です。

商品の名前（ネーミング）もそうです。

特許に出願すれば、名前も一緒に保護されると思わないでくださいね。

商品の名前（ネーミング）は、商標に出願しないと、権利は取れませんよ。

◆ 参考文献

「書類の書き方」は、拙著「はじめの一歩 一人で特許の手続きをするならこの１冊 改訂版（自由国民社刊）」などがあります。

2. 「知的財産権」は、私たちの生活の中にある

「知的財産権」について、もう少し説明しましょう。

「知的財産権」、「産業財産権」、「著作権」、……、はじめて聞く人も多いと思います。

うーん、どうしても、言葉が難しそうに聞こえてしまいますよね。

ところが、「知的財産権」は、私たちの生活の中にあります。

生活に密着した権利です。

だけど、「知的財産権」をコンピュータ（ＩＴ関連）のハード面の集積

回路、ソフト面のプログラムと思って、自分には縁遠いと考えている人もいます。

ちょっと待ってください。

簡単に答えを出さないでください。そうじゃないですよ。頭の中で考えた創作物は、すべて、特許「技術（機能的）な発明」、意匠「物品の形状（デザイン）」、著作権などの知的財産権ですよ。

だから、だれでも年にたくさんの権利を取っているのです。

ただ、それを自覚していないだけのことです。

では、「産業財産権（工業所有権）」について、簡単に説明しましょう。

産業財産権（工業所有権）は、工業的なものを保護します。

特許、意匠などの産業財産権は、「登録主義」です。特許庁に出願することが必要です。

◆ 産業財産権

□ ① 特許（発明）パテント Patent 物の発明、方法の発明を保護します。 権利期間は、出願の日から 20 年です。
□ ② 実用新案（考案）utility model 物品の形状、構造、組み合わせの考案を保護します。 権利期間は、出願の日から 10 年です。
□ ③ 意匠（デザイン）design 物品の形状、模様、色彩などのデザインを保護します。 権利期間は、設定登録の日から 20 年です。
□ ④ 商標（ネーミング、サービスマーク） 　registered trademark 文字、図形、記号、立体的形状、音などの商標を保護します。 権利期間は、設定登録の日から 10 年です。何度でも、更新ができます。

（1）産業財産権

産業財産権は、工業的なものを保護します。

特許「技術（機能）的な発明」、意匠「物品の形状（デザイン）」などを

財産として保護する制度です。

「Ａ４（横21㎝、縦29.7㎝）サイズ」の用紙に、創作物の内容を「特許、実用新案、意匠、商標」の出願書類の形式にまとめて、特許庁に手続きが必要です。

①「特許という知的財産権」

特許（発明）は、「物の発明」と「方法の発明」が対象です。

権利期間は、出願の日から20年です。

たとえば、台所用品、事務用品のような生活用品、新しい素材、新しい飲食物などが対象です。

素晴らしい○○の作品は、あなたが、愛情を込めて、元気良く、育ててください。

特許の出願をして、出願の日から３年以内に出願審査請求書を提出します。

特許庁の審査官は、書類に書かれている内容を見て、権利が取れるか、条件をチェックします。

チェックする内容は、「先願」、「産業上利用できる発明」、「新規性」、「進歩性」などです。

□ 新規性

新規性は、作品に新しさが求められます。

□ 進歩性

進歩性は、作品が容易に創作できないこと、創作のプロセスの中で困難さがあることが求められます。

そこで、量販店などに買い物に行ったとき、見てほしいところがあります。

商品のパッケージです。そこに、「特許出願中」、「ＰＡＴ・Ｐ（パテント・ペンディング）」、……、と表示されています。

それを見てほしいのです。

「特許という知的財産権」で保護されている商品です。それを、私たちは、いつも愛用しています。

※「ＰＡＴ．Ｐ（Patent Pending）」は、特許出願中と、いう意味です。

②「実用新案という知的財産権」

実用新案は、物品の形状、構造、または、組み合わせの考案を保護します。

権利期間は、出願の日から10年です。

機械、器具、日用雑貨品のように、一定の形があるものが対象です。

実用新案は、物品でない、製造方法は含まれません。

物品の形状、構造、または、組み合わせの考案は、「実用新案という知的財産権」です。

□「ドーナツの形の枕」

たとえば、赤ちゃんは、いつも同じ向きで寝ています。すると、後頭部が扁平になってしまいます。

そこで、後頭部が扁平にならないように、ドーナツの形をヒントにして、「ドーナツの形の枕」を考えました。

機能的で、カワイイ枕です。すると、それが話題になりました。

Ｎ社が形「製品」にしてくれました。商品「ドーナツの形の枕」も良く売れました。

実用新案は、小さな作品（改良案）を保護する意味がありました。

ところが、平成6年に、実用新案が大きくかわってしまいました。

実用新案は特許のように、権利が取れるための条件（新規性、進歩性など）のチェックをしません。それなのに、権利は取れます。

無審査で権利が取れる（!?）ようになったのです。

先行技術（先願）があったとしても、登録になるための、「基礎的な要件」を満たしていれば、登録になる、ということです。

だから、登録になった、といっても、それは、形式的なことだけで、実質的には、独占権が取れているわけではないのです。

それで、いまは、実用新案（改良案）的なものであっても、特許に出願するようにすすめています。

第5章 カタイ頭をほぐしてくれる中本 繁実の講演会 はじめて学ぶ「特許」

③「意匠という知的財産権」

意匠は、物品の形状、模様、色彩などのデザインを保護します。

「物品の形状」、「物品の形状＋模様」、「物品の形状＋色彩」、「物品の形状＋模様＋色彩」で、物品の外観で美感のあるものが意匠の対象です。

権利期間は、設定登録の日から20年です。

権利が取れるためには、新規性、創作性などが求められます。

商品は、物品が機能的で、形状がキレイで、カッコいいものが売れます。

その商品のデザインは、「意匠という知的財産権」です。

□「ハートの形のバケツ」

たとえば、円筒状のバケツの外形の形状をハートの形にしました。「ハートの形のバケツ」です。

それを商品にしました。すると、女子高生、新婚さんにウケました。

商品も良く売れました。

ハートの形のバケツは、「意匠という知的財産権」です。

④「商標という知的財産権」

商標（ネーミング、サービスマーク）は、商品（ネーミング）、役務（サービス）に使用するマークです。

文字、図形、記号、立体的形状の商標を保護します。

平成27年4月に商標制度の改正があり、音の商標（音楽、音声、自然音からなる商標）、動く商標（図形が時間によって変化している商標）、ホログラムの商標（クレジットの偽装防止や製品に貼るホログラム）、色彩のみの商標（色彩のみからなる）、位置の商標（図形などの標章と、その付される位置によって構成される商標）の権利が取れるようになりました。

権利期間は、設定登録の日から10年です。

商標は、10年ごとに更新することができます。永久権といわれています。

商標は、他の人（第三者）の商品、役務と区別することができる顕著性を備えたものが対象です。

文字商標は、仮名文字、ローマ字などです。

図形商標は、動物、人物、風景などです。

153

記号商標は、アルファベット、漢字などを図案化したものです。

立体的形状の商標は、ケンタッキーフライドチキンの白ひげのおじさん、コカコーラの瓶、不二家のペコちゃんなどです。

たとえば、文字と図形を結合した商標でもＯＫです。

たとえば、文字、図形に色彩を付けた商標でもＯＫです。

商標は、特許、実用新案、意匠と異なり、役に立つものを考えた、というのでなく商品、役務を区別する目印になるマークを登録するものです。

だから、新規性がなくても権利が取れます。

覚えやすい名前（ネーミング）の商品が売れています。

サービスのいいお店がはやっています。お店の名前は、役務（サービスマーク）といいます。

その商品の名前、お店の名前は、「商標という知的財産権」です。

□「**タフマン**」

たとえば、清涼飲料の商品に「タフマン」と、いう名前をつけました。「タフマン」を飲むと、元気が出そうな名前です。

すると、それがサラリーマンにウケて、良く売れています。

この商品の名前の「タフマン」は、「商標という知的財産権」です。

（２）「**著作権という知的財産権**」

著作権は、思想、または感情を創作的に表現したものを保護します。

権利期間は、本人の死後50年です。映画は公表後70年です。

□ **特許の対象……遊戯具の形状、構造（しくみ）**

たとえば、ゲームものを考えたとき、特許の対象になるのは、遊戯具の形状、構造（しくみ）です。

□ **著作権の対象……遊戯具の遊び方、ルールを説明した小冊子の印刷物**

遊戯具を使った、遊び方、ルールの権利は、特許になりません。

遊び方、ルールを書いた説明書の印刷物は、著作権（Copyright　コピーライト）です。

たとえば、オセロゲームのような遊戯具には、「遊び方、ルールを説明した小冊子の印刷物」が付いています。

第5章　カタイ頭をほぐしてくれる中本 繁実の講演会　はじめて学ぶ「特許」

商品が売れるようにキレイなパンフレットなどの印刷物を作ります。

この印刷物が「著作権という知的財産権」です。

著作権は、歌の詩とか、歌の曲とか、絵などを保護します。

小説も、学術文も、美術品も、音楽も、落語も、著作権です。

数学、または論理学上の法則（計算方法、作図法、暗号の作成方法）、人為的な取り決め（遊戯方法、保険制度）心理方法（広告方法）なども、自然法則ではありません。だから、特許の権利は取れません。

なるほど、説明を聞くと、たしかに、知的財産権というのは、私たちの生活の一部になっています。

そうです。頭の中で創作したものは、すべて「知的財産権」です。

会社内でも同じです。改善・提案の中から生まれた小さな作品だって、すでに知的財産権になっています。

それを自覚すれば、その○○の作品に対して、愛着が、2倍も、3倍もわいてきます。

仕事も楽しくなります。知的財産権は、自分と運命共同体の権利です。

● 積み木の権利は

積み木の作品の知的財産権は、どうなりますか。

積み木は、楽しく学習ができて、とても学習効果があります。……、といった説明が必要です。積み木は、木（気）があっていいですね。

積み木は、あなたの知的財産権ですよ。……、ということです。

□ 積み木の知的財産権

□ 特許という知的財産権	□ 物品の形状など、技術（機能）的な部分
□ 意匠という知的財産権	□ 物品の形状（デザイン）
□ 著作権という知的財産権	□ 使い方を説明した説明書の印刷物

● ゲームのルール（遊び方）がポイントの作品の権利

著作権は、特許、意匠、商標のどういったところが関連しているのですか。

たとえば、オセロゲームのような、ゲーム具です。

オセロは、ゲームのルール（遊び方）がポイントです。

□ **ゲームの権利は**

□ 特許の対象	□ ゲーム具の物品の形状、構造（しくみ）
□ 商標の対象	□ ゲーム具に付ける商品の名称
□ 著作権の対象	□ ゲームのルール（遊び方）を説明した、説明書などの小冊子の印刷物

知的財産権の参考文献は、拙著「知的財産権は誰でもとれる（日本地域社会研究所）」などがあります。

3．得意で、大好きなこと、だから元気が出る

● **知識を活かして、得意な分野だけ、学習すればいい**

特許「科目」の学習は、学校の学習と違います。好きな科目（得意な分野）だけを、好きな時間に、好きなだけやればいいのです。

ムリをして、嫌いな科目（不得意な分野）を学習する必要はありませんよ。

カリキュラムも、あなたが好きなように作ってください。

中間、期末、前期、後期のテスト（試験）もありません。だから、不得意な科目の一夜漬け、心配しなくて、大丈夫ですよ。

ここで、私から、お願いがあります。

それは、嫌いな科目なのに、好きな科目だった、と勘違いをしないでください。……、ということです。

サイズが合っていないと疲れます。ムリをせずに、自分のサイズを目指しましょう。

ＳＭがいい（!?）、何か勘違いをしそうですね。

Ｓ、Ｍ、Ｌのサイズの意味ですよ。

私、中本繁実は、ＳＮ (Shigemi Nakamoto) です。

磁石も、ＳＮ（Ｓ極とＮ極）ですね。ＳＮはくっつきます。
仲がいいですよね。

● もっと使いやすいように「スマートフォン、携帯電話」
　の改良をしたいけど

　たとえば、電気の通信工学の知識がない人が、スマートフォン、携帯電話の改良にチャレンジしてはいけません。気になるテーマだと思いますけどね。

　だって、課題（問題）の答えの出し方（解き方）がわからないからです。

　そういうとき、自分に知識がなくても、その技術は、その道のプロが解決すればいいじゃないですか。

　……、と簡単にいう人がいます。

　では、あなたは、いったい、何を発明したのですか。

　……、となってしまうのです。

　問題の答えの出し方（解き方）「課題を解決するための手段」が発明です。

● 環境にやさしい「洗剤」を作りたいけど

　別の例でもそうです。化学は嫌いな科目だったのに、○○をこうすれば環境にやさしい洗剤ができます。

　気になるテーマ「題目」だ、……、と思います。だから、発想は素晴らしいです。だけど、それだけでは、何も解決していません。

　この状態では、まだ、発明といえいないのです。

　あなたが発明した○○の作品が素晴らしい。……、といえるように、化学式を使って、理論的に説明することが必要です。実験（テスト）のデータが必要になってきます。

　それができなければ、着想が良くても、思いつきのままです。

　まだ、環境にやさしい「洗剤」を作るための、答え「課題（問題）を解決するための手段」を書いていないでしょう。

157

● 課題（問題）が解ければ、嬉しくて、さらに前向きになれる

　毎日の生活を楽しみながら、得意なテーマ「題目」、得意な分野にチャレンジしましょう。

　課題（問題）の解き方で悩むこともなく、発明を楽しめます。

　答え「課題（問題）を解決するための手段」がすぐに書けるからです。「小さな不便を改善した作品」、「ちょっとの心配り」が多くの人に喜んでもらえる形「製品」につながっていくのです。

　その結果、お金「ロイヤリティ」を生み出す発想力を発揮するキッカケにもなります。しかも、いまは、その小さなヒント、考え方が巨万の富を稼ぎ、一つの作品が会社の運命を左右する知的財産権の時代になってきたのです。

4．説明図「図面」と説明文「明細書」にあらわそう

● だれが見ても、わかるようにまとめる

　学校を出ると、もうラブレター以外の文章は書いていません。それも、メール、スマートフォン、携帯電話で、すましてしまおう。……、と安易に考えてしまう人もいます。

　会社では、ビジネス文書を、そのまま、コピーして使っています。

　そういう考え方では、彼女（彼）は、あなたを信頼して、どこまでもついてきてくれませんよ、どき！

　質問してもいいですか。……、あなたは、自分の長所を５つ、すぐに、書けますか。言えますか。

　あなたは、彼女（彼）のいいところを５つ、すぐに、書けますか。言えますか。

　発明家の中には、私は、説明図「図面」と説明文「明細書」にあらわすのは苦手です。……、といって、それを自慢する人もいます。

ところが、発明とか、創造は、ただ自分の胸の内だけにしまっていたのでは、社会的な価値はゼロです。

それを、説明図「図面」と説明文「明細書」にあらわしてください。

それで、はじめて価値がでるのです。他の人（第三者）が評価してくれるのです。

だれが見てもわかるようにまとめることです。

それが「特許願」の「図面」と「明細書」です。

● たとえば、○○の料理の「レシピ」

説明図「図面」と説明文は、○○の料理の「レシピ」のようなものです。

いつも、美味しく作ってくれるお母さんがいなくても、レシピを見れば、○○の料理が作れるように書いています。

技術の世界でもそうです。世の中のだれが見ても、どこでも、その技術が利用できるように、文章にしてこそ価値がでるのです。

では、ここで、文章が苦手だ！　という人のために、これなら書ける。……、といってもらえるように、まとめ方を説明します。

一緒に学習しましょう。

●「文章の五段階」をモデルにしてまとめてみよう

次に示す「文章の五段階」をモデルにして、書き方を練習してみましょう。

改善・提案、発明・アイデアの説明書でも、技術の実験のレポートなどでも、同じです。

その書き方のパターンは同じです。

◆ 説明図「図面」
【消しゴムを付けた鉛筆】

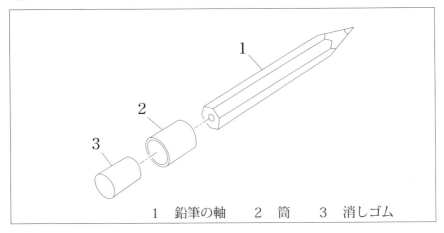

1　鉛筆の軸　2　筒　3　消しゴム

◆ 説明図「図面」
【小さな孔を開けた盃】

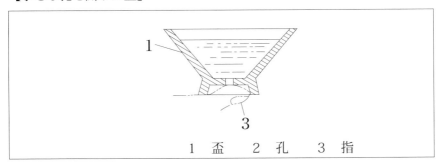

1　盃　2　孔　3　指

◆ ステップ①「あらまし」

　1つめは、「あらまし（アウトライン）」を書きます。

　あらましは、2行から3行書くだけで大丈夫です。

　「A：鉛筆」と「B：消しゴム」を組み合わせた、「A（鉛筆）＋B（消しゴム）＝C（消しゴムを付けた鉛筆）」は、………、次のように書きます。

> 【技術分野】
> 　本発明は、鉛筆の軸の一端に小さな消しゴムを取り付けた鉛筆に関するものである。

　……、と書きます。

「盃の底の中央に小さな孔を開けた盃」は、………、次のように書きます。

> 【技術分野】
> 　本発明は、盃の底の中央に小さな孔を開けた盃に関するものである。

　……、と書きます。

　なるほど、たしかに、あらましを読むだけで、作品の全体がつかめますね。

　技術のレポートなども、打ち合わせの時間をムダにしないように、「あらまし（要約）」がついています。

　特許庁に提出する「特許願」の文書は、400字以内でまとめている「要約書」を読むと、「作品の概要」がつかめます。

◆ ステップ②「いままで（従来）の背景技術」

　2つめは、いままでの「背景技術」です。

> 【背景技術】
> 　従来、○○には、○○のような不便、欠点があった。

　……、と「背景技術」を書きます。

　具体的には、次のように書きます。

> 【背景技術】
> 　従来、消しゴムは何度も使っていると、小さくなってしまう。
> 　その消しゴムが必要になったとき、探しても、小さくなった消しゴムは、見つけられず、困ることがあった。

　……、と書きます。

> 【背景技術】
> 　従来、お酒を飲むときに使用する盃の形、大きさは小さいものが一般的であった。
> 　盃の底に小さな孔が開けたものはなかった。

……、と書きます。

　いままでの技術の欠点を書くことは、絵でいえばバックのようなものです。

　先行技術（先願）は、特許情報プラットフォーム（J-PlatPat）、でチェックすれば、すぐに調べることができます。

※**特許情報プラットフォーム**〔Japan Platform for Patent Information〕
　略称（J-PlatPat）

◆ **ステップ ③「工夫した点」**

　3つめは、前文をつけて、○○の欠点、不便を解決するために、○○の（何の）○○に（どこに）○○を（何を）取り付ける。

　……、と工夫した点を書きます。具体的には、次のように書きます。

【課題を解決するための手段】
　鉛筆の軸（1）の一端に筒（2）を設け、筒（2）に消しゴム（3）を取り付ける。
　本発明は、以上の構成よりなる消しゴムを付けた鉛筆である。

　……、と書きます。

【課題を解決するための手段】
　盃（1）の底に孔（2）を開ける。
　本発明は、以上の構成よりなる小さな孔を開けた盃である。

　……、と物品の形状、構造（しくみ）など工夫した点を書きます。

　これが文章の中心になります。

　その改良点を個条書きにしてください。

　上手くまとめられます。ポイントが良くわかります。

◆ **ステップ ④「発明の効果」**

　4つめは、

【発明の効果】

　○○のように改良したから、○○のような効果が生まれた。

……、と発明の効果を書きます。具体的には、次のように書きます。

【発明の効果】
　鉛筆の軸と消しゴムを一体にしたので、消しゴムが必要になったときでも、探す手間が省ける。

……、と書きます。

【発明の効果】
　お酒が弱い人、たくさんの人からお酒をついでもらう人は、卓下に別の容器を置いといて、相手にわからないように容器の上に盃をもち、孔をふさいでいた指を外すと他の容器に移したりすることができる。
　また、お酒を飲み干さないと、テーブルの上に置くことができないので、お酒がたくさん売れるようになる。
　宴席を盛り上がるための、小道具としても使える。

……、と書きます。

　そのとき、いままで（従来）のものと比べた、データなどの数字を一緒に書きましょう。説得力があり、効果がハッキリわかります。

◆ ステップ ⑤「実施例（応用例）」

　5つめは、

　○○の改良案は、○○のようなところにも応用できる。

　……、といった、他の用途を書きます。

　文章がわかりにくくても大丈夫です。

　表現の仕方が下手とかは、気にしないでください。

　少し、練習をすれば、まとめ方も上手になります。

　上手くまとめられるようになれば、次の素晴らしいヒントも生まれてくるのです。

◆ 参考文献

「書類の書き方」は、拙著「はじめの一歩 一人で特許の手続きをするならこの1冊 改訂版（自由国民社刊）」などがあります。

「図面の描き方」は、拙著「これでわかる立体図の描き方〔基礎と演習〕（パワー社）」などがあります。

5．やさしいあなたの○○の作品を守る「知的財産権」

● 産業財産権とは、特許、実用新案、意匠、商標の総称

　発明品というと、特許とか、発明とか、アイデアとか、パテントなどといわれています。

① 何が保護の対象になるのか。

② どのような手続きで登録になるのか。

③ 権利の内容はどういうものか。

　「法律の内容」は、

① 特許「技術（機能）的な発明」とか、意匠「物品の形状（デザイン）」などを保護する制度です。

② 産業財産権とは、「特許、実用新案、意匠、商標、」という別々の法律で定められたものの総称です。

●「自然法則」とは、いつも体験していること

　簡単に儲かりそうな話をしたり、難しいことを述べたり、ちょっと、とまどっていることと思います。

　使われている言葉は、難しそうですが、実際はそうでもありません。

　恋愛だって、ラブラブのときは、とても楽しいでしょう。

　それでも、悩みもあります。相手の気持ちを理解するのは大変なことです。

「自然法則」も、言葉は難しそうに聞こえますが、小、中学校の理科の時間に実験（テスト）をしたことを思い出してください。

　たとえば、

□ 鏡は、光を反射します。
□ 物を熱すると、膨張します。
□ 磁石は、鉄にすいつけられます。

　これが、「自然法則」です。

　私たちが日常使っている日用品、道具、機械がそうです。

164

いぜん、特許であったとか、現在、特許になっているものばかりです。

それが、「自然法則」を利用した技術的思想の創作です。

6. 有形な「財産」と無形な「財産」

● 経済社会で1番求めているものは「財産」

「知的財産権」というのは、私たちの生活の回りを取り巻いています。

それで、イメージ的には、ある程度のことはわかった、と思います。

ここで大略をまとめておきましょう。

いま、経済社会で1番求めているものは、財産です。

財産とは、金銭、および金銭にかえられるすべてのものです。

□「有形財産」

土地、宝石、車などは、有形なものです。これを「有形財産」といいます。

ところが、形のない財産もあります。

□「無形財産」

小説とか、論文、絵画、音楽、発明などは、形がありません。無形です。

これが高く売れる可能性もあります。これを「無形財産」といいます。

つまり、頭の中で考えた知恵、すなわち、発明の中には、お金「財産」になるものが多いということです。

「知的財産権」というのは、人間の知的活動によって、生まれた無形財産に関するすべての権利のことです。

したがって、知恵は、「知的財産権」にしないとお金「財産」にはならないのです。

● 文化は進み、経済も豊かになる

□「味の素」……「**商標という知的財産権**」

たとえば、「味の素」と、いう名前は、文字の商標です。「商標という知的財産権」です。

すごい価値があります。

□「**コカコーラ**」、「**花王**」……「**商標という知的財産権**」

コカコーラ、花王など、2つ以上の語を組み合わせて1つの活字としたロゴタイプも商標です。「商標という知的財産権」です。

□「**アニメ**」、「**キャラクター**」……「**著作権という知的財産権**」

アニメ、キャラクターは、著作権（Copyright　コピーライト）です。「著作権という知的財産権」です。無形財産です。

もし、このような無形の財産が保護されなければ、苦労して形「製品」にしても、財産「お金」になりません。

また、製品の品質、お店の信用を得るために、長い間、努力したことがムダになります。

そこで、これらの無形のものも「商標という知的財産権」にして、保護してもらいましょう。「著作権という知的財産権」にして、保護してもらいましょう。

すると、人は、そのお金「財産」を得るために、さらに、良くしよう、……、と考えるようになります。

だから、文化は進み、経済も豊かになるのです。

時代が進んだ、今日では、土地、物品などの有形財産よりは、無形財産の方の価値が大きくなってきました。

額に汗して働く肉体労働も、とても大切なことです。

知的財産権は、より、大きなお金「財産」を得ることができます。

そのためには、知恵を出すことです。

7. ○○の作品を創作した、という事実を残そう

● ○○の作品の内容によって、権利の取り方も違う

　○○の作品は、○○年○月○日に私が考えました。……、といえるようにするためには、どうすればいいと思いますか。

　○○の作品の内容によって保護の対象が違ってきます。一緒に考えてみましょう。

● 創作したときの日付がはっきりしていると、トラブルも少ない

　著作権は、思想、または感情を創作物の表現したものを保護します。

　権利は、自然に発生します。

　ただ、創作したときの日付が明確でないと、あとで困ることもあります。

　たとえば、ある日突然、○○の作品が発表されて、注目されたとしましょう。

　そのとき、それで、じつは、○○の作品は、○○年○月○日に、私が考えたものです。私の創作物です。

　だから、私に印税（著作権料）をください。……、と申し出たいですよね。だけど、だれにも信用してもらえません。

　○○の作品をいつ創作したのか、日付が証明できないからです。

　○○の作品を創作した、といえる事実を明確にできなければ、残念ですが、泣き寝入りするしかないのです。

　その結果、印税ももらえません。だから、創作物を詳しく書いて、日付（○○年○月○日）を明確にしておくことです。日付が大切になるのです。

　そのため、たとえば、公証役場を利用する人もいます。郵便切手の日付の消印を利用する人もいます。

　日付がはっきりしているので、知的財産権のトラブルがあったとしても、○○の作品は、○○年○月○日に考えました。……、といえるのです。

● 言葉遊び（ダジャレ）の研究

　ダジャレで　雰囲気なごむ　かくし味

　カッコ良くいうと、私は、いつも、言葉遊び（ダジャレ）の研究をしています。

　それで、どれくらいウケるか、すぐに確認しています。

　たとえば、飲食店などで食事をしながら、係りの人に、貴女は、美形ですね。……、といっています。美形は美系（美術系）の意味のつもりです。

　すると、とても喜んでくれています。

　何歳になっても、どんなことでも、ほめられると、嬉しいですよね。

　そこで、私は理系（工学部）です。……、といいます。

　なるほど、……。いつも、こんな調子です。頭の体操になるでしょう。

　このように、遊び心も、大切だと思います。

　私は、家では、〝非常勤お父さん〟と呼ばれています。いつも家にいなくて、自分の好きなことをやっているからです。

● 言葉遊び（ダジャレ）も著作権

　学生との会話の１コマです。

　中本先生、毎日欠かさず、予習復習していますけど、……。

　感心なことだね。

　でも、なかなか学習効果があがりません。

　そうかなあー、学校には校歌（効果）があるけどなあー。

　これくらいのレベルの言葉遊び（ダジャレ）を講義中に連発しています。

　学生から、中本先生の言葉遊び（ダジャレ）、わかりにくいですよー。

　……、といわれています。

　そのときは、少しだけです。心の中で、くやしい、とつぶやいています。

　本当ですよ。でも、いつ役に立つかわかりません。

　内緒で、創作したときの日付（事実）を残しておこう。……、といつも思っています。

　筆者は、郵便局の切手の日付の消印を利用しています。

　私は、講義のとき、日頃の会話の中で、楽しい話ができるように「ユー

モアスピーチの会」などの勉強会にも参加して、言葉遊び（ダジャレ）を学習しています。

　約37年間、このような生活をしています。講演の機会もいただきます。

　対象は、小学生、中学生、高校生、専門学校生、大学生、社会人、シニア世代の人です。

　もちろん、講義は楽しいです。言葉遊び（ダジャレ）も面白いですよ(!?)

　学生さんから、先生のくだらない言葉遊び（ダジャレ）が大好きです(笑)。

　……、と書いた年賀状も届きます。

　これは、特許、意匠のときも同じだと思います。大切なことは、他の人（第三者）がマネをしてくれそうなものを創作することです。

8．私の方が○○の作品を先に考えたのに

　これからは、町の発明家でも、中小企業でも、会社の新製品の開発の担当者でも、創作した日付（事実）を残すことからやってほしいです。

　ところが、知的財産権「特許、意匠などの産業財産権、著作権」の勉強はしなくても大丈夫ですよ、

　いいものを考えたら、その道の専門家に頼めばいいじゃないですか。

　……、と簡単にこたえてしまう人もいます。

　筆者にいわせると、大きな勘違いをされています。

● ○○の作品は、「産業財産権（特許、意匠）」、「著作権」の権利

　知的財産権のことを知らないと、どういうものが、特許、意匠、著作権になるのか、判断ができないでしょう。

　その結果、次のように、くやしい思いをすることもあります。

町の発明家、中小企業の知的財産権の担当者から聞くことですが、たとえば、家庭用品などで不便なところを改良して使っていた人が、ある日、お店に行ってみると、同じような商品が売られているのです。

　その商品のパッケージを見ると、「ＰＡＴ．Ｐ（パテント・ペンディング）」と、印刷されています。

　※「ＰＡＴ．Ｐ（Patent Pending）」は、特許出願中と、いう意味です。

　それを見て、あれは、私が数年前に考えていたものと同じです。

　私の方が先に考えていたのに惜しい、そんな言葉を何回も聞いています。

　このように、だれでも、１度か、２度は、同じようなことを体験されたことがあるのでしょう。

　そこで、私も、１つ○○の作品を考えよう、特許庁に出願をしてみようかなあー。……、と思ったこともあるでしょう。

　でも、やさしい書類の書き方、権利の取り方を知らずに、そのままにしておいただけなのです。

　特許、意匠などの知的財産権には、大きな夢があります。出願書類を書いて、手続きをしておけば、楽しみも倍増しますよ。

◆ 参考文献

　「書類の書き方」の参考文献は、拙著「はじめの一歩 一人で特許の手続きをするならこの１冊 改訂版（自由国民社刊）」などがあります。

第2部・後編

1．○○の作品の内容によって、保護のしかたも違う

● 日本の特許の出願件数は、年に約 32 万件

　特許に出願している過去の 1 年間の件数を調べてみました。約 32 万件
です。

　件数が多いと、弊害も出てきます。

　たとえば、特許庁では、膨大な処理に悲鳴をあげます。その結果、審査
が遅れます。諸外国からは、早く審査をしてくれるように要望があります。

　そういった状況の中で、役に立っている作品は、何年もの間、1,000 件
あたり 3 件くらいです。……、といわれています。

　また、出願料が高いです。だから、出願貧乏、発明貧乏、という言葉も
生まれました。

　本人は、○○の作品は素晴らしいと思っていても、ムダな出願をしてい
る、ということです。

「特許情報プラットフォーム（J-PlatPat）」を活用しましょう。

　先行技術（先願）がチェックできます。

　あなたの○○の作品に関連した情報を整理するだけでいいのです。

　そうすれば、100 件あたり 3 件くらいになります。

　出願＝形「製品」を、めざして、一緒に学習しましょう。応援します。

※ **特許情報プラットフォーム**〔Japan Platform for Patent Information〕
　　略称（J-PlatPat）

□ 「**特許情報プラットフォーム**」は、**特許の図書館、特許の辞書**
「特許情報プラットフォーム」は、情報がいっぱいつまっている特許の図
書館（library）です。特許の辞書（dictionary）です。

それも、無料で、利用できます。活用してください。

□ 公報は、書類をまとめるときの参考書

　○○の作品に関連した公報を見てください。「明細書」の書き方が良くわかります。お手本になります。

　とくに、「図面」の描き方、符号の付け方などで悩まなくても大丈夫です。

「図面」を見ただけで作品のイメージがつかめる描き方がわかります。

　どんな「図面」を描けば効果的か、すぐにわかります。

● 改善・提案、発明・アイデアは、

　テーマ「題目」を一つ、選ぶのが形「製品」にできる近道

　だれでも、改善・提案、発明・アイデアをはじめた人は、目先をかえて、次々と、手当たりしだいに作品を探すものです。

　先月は、携帯に便利なマッサージ具の「健康器具」の作品を考えていたかと思うと、今月は、まな板（目盛り付きまな板）、包丁などの「台所用品」の改良にチャレンジしています。

　そして、次はパソコンの周辺のツールの「事務用品」の作品を考えています。……、といった具合です。

　私は、毎日、目につくものから、5つも、6つも作品を生んでいます。

　……、と得意になる人は、このようなときです。

　もちろん、どれも、思いつきの○○の作品です。だから、○○の作品の内容に、深みがありません。

　このように、1日に、5つも、6つも作品が出る人は、また、それなりにいいところがあります。

　しかし、このような作品も、そのすべてを育てる、というわけにはいきません。

　そこで、大事になってくるのは、この中で、どの作品を育てるのか、ということです。

　育ちそうな作品を選んでください。次は、手作りで試作品を作ります。

　そして、実験（テスト）をしてください。すると、どこかに、欠点（問

題点）が見つかるものです。

　その欠点（問題点）を取り除くために、さらに作品が生まれます。

　そして、そのくり返しによって、形「製品」になる作品に育つのです。

　最初から、完全無欠の作品はありません。

　文章に書くと何でもないようですが、実際に育てる、となるとどんな単純なことでも、それは大変なことなのです。

● **費用が高いと、創作意欲がなくなる**

　特許庁も、発明指導者も、どうしたら、ムリ、ムダな出願をなくすことができるか、頭をいためています。

　本当は、積極的になっていただきたいのです。

　でも、件数をおさえることを考えます。

　件数をおさえられると、発明家は、考える意欲を失ってしまいます。

　それに発明心もなくなります。

　だって、発明家の多くの人は、作品を考えて、それを出願して、お金「財産」にしたいと思っているからです。

● **創作物のすべてを、産業財産権だけでは保護できない**

　創作物の保護の仕方について、ここで少し確認をします。

　創作物のすべてを、特許、意匠などの産業財産権だけでは保護できません。

　技術（機能）的な作品は、「特許という知的財産権で保護します。

　物品の形状（デザイン）は、「意匠という知的財産権で保護します。

　思想感情の表現を保護してくれる、著作権でもそうです。

　創作物のすべてを、著作権だけでは保護できません。

　だから、技術も、物品の形状（デザイン）も、商品の名前（ネーミング）も、パンフレットに使う説明書（明細書）、説明図（図面）の印刷物も、１つの法律で、保護することはできないのです。

２．著作権と特許権は、別々の権利

● 著作権の対象
◆ 著作権の定義（著作権法第２条）

「著作物とは、思想、または感情を創作的に表現したものであって、文芸、学術、美術、または音楽の範囲に属するものをいう」と書かれています。

これまでの説明で、著作権は、だいたい理解できたと思います。

それでは、著作権の対象になる著作物とは、どういうものをいうのか、もう少し説明を続けましょう。

また、「著作権」と「特許権」は、どこが関連してくるのか考えてみましょう。

● 特許は技術
◆ 特許法の定義（特許法第２条）

「発明とは、自然法則を利用した技術的思想の創作の高度のものをいう」と書かれています。

特許、意匠などに出願して、商品を作ったとき、パンフレット、説明図（図面）、イラスト、使い方、セールスポイントを書いた説明書などの印刷物をつけます。

印刷物がないと商品は売れないからです。

この説明書などの印刷物が著作権です。

だから、「著作権と特許権」は、「表裏一体」といわれているのです。

174

3．たまたま同じ創作物ができたとき、その権利は

● 特許、意匠は、１番先に出願した人に

　特許、意匠などの創作をしたとき、これは新しい。……、と思って特許庁（〒 100‐8915　東京都千代田区霞が関 3‐4‐3）に急いで出願をします。

　ところが、半分以上は同じものを先に考えた人がいます。

　先行技術（先願）」があります。だから、権利を与えることはできません。

　……、といって簡単にＮＯ「拒絶理由通知」という返事がきます。

　つまり、同じものを数名の人が同時に考えていた、ということです。

　ところが、著作権は、そういうことはありません。

　たまたま、同じものが２つできたとしても、たいてい、あとの方が盗作している。……、と判断できるくらい、同じものはできにくい、といわれていたのです。

　しかし、最近は違います。世の中を見てください。ＩＴ「情報化」時代です。すると、集まった情報が似ています。

　その結果、できたものが同じようになるケースも考えられます。

　とくに音楽の作曲のように短いものは、同じようなニュアンスの表現が出てくる可能性だってあります。

　たとえば、商品の宣伝文です。良く似ています。

　酒だったら、「まろみがある」とか、「こくがある」とか、「きれがある」とか、「甘口」とか、「から口」とか、ほとんど同じような言葉がならびます。

　すると、盗作でなくても同じ宣伝文が生まれます。

●「著作権」は、両者に認められる

　では、もしもですが、偶然にも同じ創作物が生まれたときは、どうなりますか（？）

いままでだったら、たいてい先に発表した人の著作権になっていました。

あとの人は、よほど説得力のある説明をしない限り、盗作だ！　……、という烙印を押され、著作権は認められなかったのです。

また、無名の人が、私の方が早く創作しました。……、といっても、日付の証明ができない限り、それは、あなたが勝手に日付の 年 月 日を早くしたのでしょう。

著作権は、○○先生○○さんのものです。

……、といわれることが多かったのです。

それはいままでの慣行です。

ところが、「著作権」は、内容が同じでも、複数の人に権利が与えられます。

たとえば、たまたま、同じものを2人が別々に創作しました。日時も違います。

そういうときは、両者に著作権が認められる。……、というわけです。

この点が、「特許権、意匠権などの産業財産権（工業所有権）」と大きく違うところです。

産業財産権が認められるのは、先に出願した、「1人（先願者）」だけです。

カラオケは、 1曲選ぶのも選曲（1,000曲）だあー。

……、なんていっていると、その曲は、 1曲で、1,000曲（選曲）じゃない、といわれそうですね。

4．商品のカタログの「印刷物」は著作権

●「印刷物」をまもる大きな効果がある

最近、商品の説明図（図面）、カタログ、パンフレット、説明書、イラスト、パッケージなどの印刷物の日付を残しておく人がふえてきました。

著作権と、いう知的財産権は、費用がかからない、というだけでなく印刷物をまもる大きな効果があります。

商品を模倣するときは、カタログ、説明書、パッケージなどに印刷した商品のセールスポイント、特長、効果を書いた説明書、イラストなどの印刷物をまねるからです。

とくに、商品は、いままでのものと比べて、どこがいいのか、セールスポイントを書いています。そこを書かないとその商品が売れないからです。

●「印刷物」の模倣を防ぐ

模倣商品の多くは、構成（しくみ）、デザインの説明文、イラストの印刷物をまねています。すると著作権侵害になります。

著作権の模倣を防ぐというのは、この点が主なのです。

そこで、あなたも、説明図（図面）、カタログ、説明書ができたら印刷した日付を残しておくことです。

また、商品の包装箱（パッケージ）もまねされることがあります。だから、その印刷物を残しておくことです。

これは、まねされるだけでなく、箱のデザインの権利を他の人（第三者）に取られて、本人がその箱を使えなくなることもあります。

● 自分の創作であること

「特許という知的財産権」で、大事なことは、まねではなく、自分の創作でなければならない、ということです。

「著作権という知的財産権」でも、そうです。頭の中で考え出したものである程度は、独走性がなければいけません。他の人（第三者）のしたことをまる写しではいけません。

形「製品」にしくれるかは、特許、意匠などでも同じです。

いくら自分の権利になっても、買ってくれる人（スポンサー）がいなければ、「お金（財産）」にはなりません。

また、会社に売り込み「プレゼン」をしても消費者が必要としていないものは、「ＹＥＳ」の返事はくれないでしょう。

先行技術（先願）を、「特許情報プラットフォーム（J-PlatPat）」で、検索すれば、すぐに情報が集まります。

検索する方法がわからないときは、気軽に相談してください。パソコンを使いながら、一緒に学習しましょう。

※ **特許情報プラットフォーム**〔Japan Platform for Patent Information〕
　略称（J-PlatPat）

5．最初の作品が、形「製品」になるのは難しい

● **最初は「完成度、70％くらい」をめざそう**

多くの発明家が、大きな夢を見て、発明の学習をスタートします。

２年になりました。３年になりました。だけど、まだ、形「製品」になっていない、となげく発明家もいます。

それは、また、なぜでしょうか。

それには、理由があります。

発明するときは力を入れますが、一番大切な、第一志望の売り込みをしたい会社（目標）を決めないでスタートしていることです。

たとえば、だれでもいいから、彼女（彼）になってください。……、といいますか。

また、売り込み「プレゼン」に、時間とエネルギーを使わないのです。

結婚したい、と思う人なら、何度もデートに誘って、くどくでしょう。

○○の作品を形「製品」にするために、力を入れていないのです。

それでは、いい結果を出すのは、難しいでしょう。

結婚願望だけが強くても、一方通行で、結婚はできないでしょう。

過去の統計をみても、そうです。

○○の作品が飛び抜けたもので、しかも、すぐに形「製品」にできる、

第5章　カタイ頭をほぐしてくれる中本 繁実の講演会　はじめて学ぶ「特許」

というものだったら、数人に見てもらえば、すぐに○○の作品を買いたい。すぐに形「製品」にしましょう。……、といってくれる社長さんが見つかるかも知れませんよ。

期待はしています。

ウーン、だけど、最初の作品が、形「製品」になるのは難しいです。

○○の作品の完成度が問題です。

○○の作品の完成度は、良くて80％くらいです。それも少ないです。

私は、いままで、何万件と相談を受けました。

だから、がんばっている、あなたを応援したいです。完成度100％の満点をあげたいですよ。

山が大好きな人は、いつも、満点（マウンテン）でしょう。

でも、完成度が80％くらいの作品には、まだ、おめにかかったことがありません。たいてい、完成度は、60％から70％くらいです。それが普通です。

● 売り込み「プレゼン」、1社、2社くらいでは

思いつきの作品が、形「製品」になるのは、「1,000に3つ」ぐらいだ、と長い間、いわれています。

だから、目標にしている会社、第1志望、第2志望の社長さんに、売り込み「プレゼン」をしても、作品にしましょう。……、といってくれないようです。

だけど、あきらめてはいけませんよ。インターネットで、会社の事業内容、確認しましたか、傾向と対策、練りましたか。

同じような作品を出願している会社をチェックできます。

ここで、元気を出して、さらに、売り込み「プレゼン」をしてください。

自信作を形「製品」にしてもらいましょう。20人、30人の社長さんに作品を見てもらえばいいのです。

そうすれば、ほれてくれる社長さんに出会えます。

もしも、上手くいかなかったら、ここで、もう一度、「特許情報プラットフォーム（J-PlatPat）」で、検索してみましょう。あなたの作品に関連

179

した情報を確認してください。

　本当に、形「製品」にしたい。……、と思っている作品なら、簡単にあきらめないでくださいね。

　素晴らしい人と出会えるまでスポンサーをさがしてください。

　アイデアを求めている会社の社長さんは、個性的な人が多いです。しかも売れる商品も多様化しています。

　自分の採点では、今回の作品の出来栄えは、素晴らしいので、完成度は、80％くらいだ、と思っていても、○○社長さんの採点は60％くらいだったりします。

　あるいは、自分では60％くらいだ、と思っているとき、社長さんの中には、あなたの自信作を気にいってくれる人もいるかも知れません。

　丸顔が好きな人もいれば、細長の顔がいい、など、という人がいるのと同じだと思います。

● 採用に踏み切れない事情もある

　○○会社が○○の作品を相当に気にいってくれた。……、としても「採用する」となると、開発資金が必要です。

　だから、社長さんも、すぐに、採用しましょう。……、といってくれないのです。

　それだけに、○○の作品を考えたときの情熱と同じくらい売り込み「プレゼン」にも情熱が必要です。それなのに、発明家は、売り込み「プレゼン」に力を入れない人が多いのです。

　子育てと同じです。発明者のあなたが、力を入れて、形「製品」にできるように育てないと、だれも気持を込めて育ててくれませんよ。

　だから、発明歴10年といったベテランでも、形「製品」＝お金（ロイヤリティ）になっていないのです。

　○○さんに、「大好きです」と、告白したら、すぐに、デートに誘ってください。そして、楽しいデートをしてください。そこで、くどいてください。

　問題意識をもって、行動すれば売り込み「プレゼン」も上手くいきます。

180

とにかく、あきらめずに、時間とエネルギーを使って実行することです。

それが、形「製品」にできる1番の近道です。頭の中だけで、形「製品」をイメージするだけではいけません。

彼女（彼）をくどいたときの純粋な（!?）、あのときの気持ちを思い出してください。時間とエネルギーをおしみなく使って行動したでしょう。

そうすれば、必ず、振り向いてくれます。

6. 人がヒントにしてくれるものを

● 特許、意匠は、出願＝形「製品」をめざそう

特許（発明）でも、意匠（デザイン）でも、著作物でも、人がヒントにしてくれる創作物を作ることが大切になるのです。

特許、意匠は、出願＝権利＝形「商品」を、多くの人が望んでいます。

それは、理想的なことです。

だけど、ウーン、少し考えて、権利は二の次です。

著者の気持ちですが、ヒントにしてくれてありがとう。……、といえるくらいの余裕が必要だ、と思います。

だって、出願した（権利になった）、としても、他の人（第三者）がヒントにしてくれなければ、何の価値もありません。その前に、形「製品」にならないといけませんよね。

それに、あなたの○○の作品を、ヒント、モデルにして、形「製品」にしてくれないと、文句だっていえませんよ。

それが技術的（機能的）な作品でも、文芸、学術、美術、音楽の創作物でも、絶対に必要な条件だと思います。

181

◆ チェック

□「**特許という知的財産権**」

　技術的（機能的）な作品は、「特許という知的財産権」です。

　特許の権利期間は、出願の日から 20 年間です。

□「**意匠という知的財産権**」

　物品の形状（デザイン）は、「意匠という知的財産権」です。

　意匠の権利期間は、設定登録の日から 20 年間です。

□「**商標という知的財産権**」

　商品の名前（ネーミング）、役務の名前（サービスマーク）は、「商標という知的財産権」です。

　商標の権利期間は、設定登録の日から 10 年間です。何回でも、更新することができます。「永久権」といわれています。

□「**著作権という知的財産権**」

　著作権は、文芸、学術、美術、音楽など、文化的なものを守る法律です。

　思想感情の表現を保護してくれます。

　商品の説明書、説明図の印刷物は、「著作権という知的財産権」です。

　著作権は、本人の死後 50 年間保護してくれます。映画は、公表後 70 年です。

● **1 つの創作物に複数の権利がある**

　たとえば、アイスクリームの「雪見だいふく」の知的財産権について説明してみましょう。

□ **物品の製造方法**

　物品の製造方法（発明の名称：被覆冷菓とその製造方法）は、「特許という知的財産権」です。

□ **商品の名称（ネーミング）**

　商品の名称（ネーミング）の「雪見だいふく」は、「商標という知的財産権」です。

□ **商品の説明をしたパッケージ、パンフレットの印刷物**

　商品の説明をしたパッケージ、パンフレットに「雪見だいふく」が美味

しそうに表現されています。その印刷物は、「著作権という知的財産権」です。

「雪見だいふく」のように、創作物を守るためには、3つ、4つの法律を利用して守ることが必要だ、ということです。

□ **特許も、商標も、創作物を保護する部分が違う**

特許も、商標も、創作物を保護する部分が違います。

たとえば、製造方法で、「雪見だいふく」は、特許に出願しています。

だから、商品の名称（ネーミング）「雪見だいふく」も一緒に保護してください。……、といっても、それはできません。

商品の名称「雪見だいふく」は、商標に出願しないと保護してもらえない。……、ということです。

● **説明図（図面）、完成予想図は、○○年○月○日に描いた**

創作物の説明図（図面）、完成予想図などを描いたものは、○○年○月○日に描きました。……、といえるように、事実を残しておいてください。

それで、とりあえず、公証役場を利用する人もいます。郵便切手の日付の消印を利用する人もいます。

○○の作品が形「製品」になりそうになったときに、準備をしておいた書類に、所定額の特許印紙（出願料）を貼って、特許、意匠などの産業財産権の手続きをして、両法律でしっかり守ればいいのです。

◆ **ポイント**

発想「未完成」から形「製品」ができるまでには、手作りで、試作品を作りましょう。実験（テスト）をして、効果を確認して、不具合なところが見つかったら、ラッキーです。改良を加えましょう。形「製品」が見えてきましたよ。

売れる商品を完成させるまでの道のりは、けっして平坦ではありません。

何カ月も、何年もかかることもあります。好きなことだから、できるのです。

彼女（彼）がふりむいてくれるまで、時間がかかったでしょう。

「先願主義」だから、といっても、○○の作品は、まだ、完成させる途中です。

　急いで出願しても、魅力がありません。その状態で形「製品」にしても、だれも買ってくれないでしょう。

　先に完成して出願するまでは、内容「研究ノート」を他の人（第三者）に、公開する必要はありません。

　夢中になることは、いいことですが、冷静に判断してくださいね。

　途中で、妥協して、急いで出願してもいいことはありませんよ。

　すぐに、こんなはずじゃなかったのになあー。……、とならないように、お願いします。

7．著作権は、独創性の程度が問題

● 最初から、無から有を引き出すことはできない

　著作権は、その独創性の程度が問題です。

　良く識者は、その程度では、美術とはいえません。この程度ではムリです。

　創作性がありません。独創性もありません。したがって、著作権とはいえません。……、と簡単にこたえます。

　では、ここで著作権について一緒に考えてみましょう。

　その前に、文化庁で教えてもらったことを紹介します。

　とてもわかりやすい内容でした。どのように教えてくれたか、そのポイントを紹介してみましょう。

　たとえば、50人の小学生、中学生が、学校の図工、美術の時間にテーブルの上に置いてある果物の絵を描いた。……、としましょう。

　題材は、同じ果物です。だから、みんな同じように見えます。

　ところが、描かれた果物を見てください。形のどこかが少し違って描か

れています。その結果、それぞれの絵が、50 人全員の権利になる。
……、というわけです。

　50 の著作権が同時に発生したことになります。

　この点からいうと、創作性があるか、創作性がないか、の程度がわかる
でしょう。

　小説だって、音楽だって、発明でさえ、最初から、無から有を引き出す
ことはできないのです。

● 先輩の創作物をヒントにしたり、モデルにしている

　みんな、大なり、小なり、どこか、先輩の創作物をヒントにしています。
モデルにしています。

　そうです。はじめは、だれだって先輩の考え方などをモデルにする（ま
ねる）ところからはじまっているのです。

　だけど、先輩に迷惑をかけるようなことはしないでくださいね。

　だから、他の人（第三者）のものを、そのまま、まる写しにさえしなけ
れば、自分の考えがどこかに入っているわけです。

　次は、学術について説明しましょう。

　学術というと、何か難しく聞こえますよね。

　ところが、そうじゃないですよ。

　たとえば、小学生が書いた作文から、町の発明家が書いた発明論文もみ
んな学術です。立派な学術論文です。

　水彩画、油絵でも、そうです。絵が上手とか、下手とかは、関係ありま
せん。自ら描いたものは、あなたの著作権です。

　ただ、著作権になっても、絵を買ってくれる人がいるかどうかはわかり
ませんよ。

● 出願＝権利＝形「製品」ではないけど

　○○の作品、権利が取れれば、だれだって嬉しいです。しかも、大きな
夢を描くことができます。

　発明家が「特許願」の願書に所定額の特許印紙を貼って、特許庁に出願

し、数年後に、やっと特許権が取れて大喜びしています。それと同じです。

　出願＝権利＝形「製品」ではないけど、創作物に独占権があるわけです。

　いままで、ほとんどの人は自分が作った、作文、絵などが、あなたの著作権になっている、ということを知らないで過ごしていただけです。もったいないでしょう。

　しかし、自分で作った、その作文、絵などに著作権が発生して、自分以外の人は、これを無断で使うことはできません。私の独占物です。

　……、ということがわかれば、もっと良くしたい、もっと大切にしたい、と思うようになるでしょう。

　すると、作文でも絵でもずっと上手になります。

　そして、いつの日か、それを、他の人（第三者）がぜひ本にしたい、とか、それを、カレンダーに使いたい、とか。……、いってくる可能性だってあります。

8.「著作権」を利用するときのポイントは

● 著作権の権利期間は長い

「著作権」は、本人の死後50年間保護してくれます。映画は、公表後70年です。

　著作権は、「長い期間の権利を取る」ということも、目的の一つですが、特許法でいう、「先使用権」が取れることが1番大きなメリットです。

　知的財産権のトラブルがあっても、あわてることはありません。

　こちらは、このとおり、いつ（○○年○月○日）、創作したか、説明図（図面）もあります。説明文（明細書）もあります。

　試作品もあります。完成品のイラストもあります。パンフレットも作っています。

　だから、先使用権は、こちらにあります。……、といえることです。

● 発明の実施の準備をしていたことが説明できる

　先使用権をいうためには、発明者が、すでに、その発明の実施の準備を していました。……、ということを明らかにしておくことが必要です。

　たとえば、この発明を実施するために、友人と出資しあって任意団体を つくりました。……、などというように、最初に、そのことを詳しく書い ておくことを忘れないようにお願いします。

　たとえば、次のような内容です。

　量産するための準備をしました。試作品も作りました。何度も、実験 （テスト）をして改良しました。その都度、効果を確認しました。

　市場調査のため、試作品を作って売ってみました。……、など、とにか く、そこを読むと、たしかに、発明の実施をしようと準備していました。

　……、ということがわかるように書くことです。

　少しオーバーになっても大丈夫です。詳しく書いてください。それがポ イントです。

　そのあとで、「特許願」の明細書の書類のように目的を書きます。

　いままで（従来）の商品と、あなたの○○の作品を比較してください。

　発明の構成（しくみ）のポイント、実施例、使い方などの発明の実施す るための形態を書いてください。

　セールスポイントなども一緒に書いてください。

　発明の効果、説明図（図面）なども書いてください。

　すると、その説明文、使用状態を示した説明図（図面）の印刷物は、著 作権になります。

　他の人（第三者）が模倣して、そのまま印刷物に使えば著作権侵害にな るわけです。

　ヒット商品になると類似品が出てきます。それを防止できます。

　意匠のときも、物品の形状の機能美を書いてください。また、こうした 特長があります。だから、この商品は売れます。……、といった商売上の 利点も書いてください。

　すると、実施の準備をしていました。……、ということがいえます。

　一般の人にはこうしたことが知られていないのです。

9．商品の説明書を作成するときのポイントは

　次に、商品の説明書を作成するときの書き方のポイントを説明しましょう。

① 商品の特長、セールスポイントを書きます。

　明細書の「発明の効果」に書く内容です。

② 発明の構成（しくみ）、機能を書きます。

　明細書の「課題を解決するための手段」に書く内容です。

③ 使い方、取扱上の注意を書きます。

　明細書の「発明の実施するための形態」に書く内容です。

④ いろいろな用途を書きます。

　明細書の「発明を実施するための形態」に実施例として書く内容です。

⑤ 発明の構成（しくみ）、使い方、用途の説明図「図面」を描きます。

　願書に添付する「図面」の説明図です。

　パンフレット、パッケージなどに使う図面は、本発明品のポイントをあらわした説明図です。使用状態を示した説明図です。

⑥ 商品になったときをイメージしたパッケージの説明図を描きます。

　そうするとネーミングも一緒に書けます。

　また、パッケージのデザインも一緒に、創作した日付を残すことができます。

⑦ 意匠のときも使用状態の説明図を必ず描くことです。

　商品のパッケージ、パンフレットに書くことをイメージして図面を描くといいでしょう。

あとがき
〔著者から送る大事なお便り〕

■ 著者があなたの○○の作品をみてあげましょう

本書をお読みになったあなたは素晴らしい○○の作品、しかも、形「製品」になる素晴らしい○○の作品が考えられるようになったと思います。

本当に○○の作品が形「製品」になりそうで、ワクワク、ドキドキしてきたでしょう。

……、だけど、いま、○○の作品を思いついただけです。

では、本書で紹介したように、情報を集めることからスタートしましょう。

情報が集まれば、どうにかできます。

販売されている商品を調べましょう。Ｙａｈｏｏ、Ｇｏｏｇｌｅなどで検索してください。すると、どんな商品が売れているか、わかります。

次は、○○に関連した専門店、量販店などで、商品の市場調査をかねて、売り場を探訪してください。情報が自然に集まります。

すでに先行技術（先願）があるケースもあります。「特許情報プラットフォーム（J-PlatPat）」で、先行技術（先願）を調べましょう。

先行技術（先願）があることを知らないで、そのまま、新製品の開発を続けると、大切なお金、時間がムダになります。自信がない人は相談してください。一緒に検索しましょう。

出願する前に相談する方が出願料を節約できます。過去のデータでは、形「製品」になる作品は、1,000 に３つ（0・3％）だ！　といわれています。

○○の作品の売り込み「プレゼン」の体験をしてください。すると、1,000 に３つの意味が理解できます。

私は、「1,000 に３つ」を「100 に３つ」にしたいと思っています。

それが、タダの頭と手と足を使って、ムリ、ムダなお金を使わないことです。それが、形「製品」にできる基本です。

今度は、出願できるように書類にまとめることです。しかし、特許に出

願するにはお金がかかります。

　自分で書いても、14,000円（特許印紙代）はかかります。

　手作りで、試作品を作る、先行技術（先願）を調べる、出願などに、数十万円の費用を使ったから、といっても、だれも形「製品」にできるパスポートは、発行してくれませんよ。

　だから、試作品も、手作りで、出願書類も自分でまとめて、○○は特許出願中（ＰＡＴ．Ｐ）です。……、と書いて第一志望の会社に手紙で売り込み「プレゼン」の体験をすることです。

　形「製品」にできる可能性があれば返事は早いです。お互いに信頼して売り込み「プレゼン」をすることです。

　発明者も会社の担当者を信頼してください。

　会社の担当者も発明家の信頼にこたえてあげてください。お願いします。

　いい返事が返って来るように、魅力がある作品にまとめましょう。

　同時に形「製品」にできる可能性のチェックもできます。

　そのとき、素晴らしい作品を盗用されたらどうしよう。……、と心配しますよね。

　……、いつ（○○年○月○日）、○○の作品を創作したのか、作品のセールスポイント、説明図、イラスト、形「製品」になったときのイメージ図などを描いて、○○の作品、○○年○月○日に創作しました。

　……、といえるように、その内容の事実を残しておきましょう。

　たとえば、公証役場も、利用できます。郵便切手の日付の消印も、利用できます。

　著者が三十数年間で指導した件数は数万件です。それをもとに読者のみなさんが短期間でリッチな「発明ライフ」が楽しめるように教えたいです。

　あなたの○○の作品を形「製品」にする、ステップがあります。まず、○○が特許になるのか、意匠になるのか、などを教授させてください。

　余談ですが、自分のために貴重な時間を作っていただき申し訳ない、といって、その地方の美味しいお菓子を持参してくれる人もいます。心遣い嬉しいですよね。

　筆者は、洒落も大好きです。お酒も大好きです。

本書を読んだ、とこの本の書名を書いて、出願書類の形式にまとめた、説明書（明細書）、説明図（図面）をお送りください。手作りの試作品の写真もお願いします。

用紙は、A4サイズ（横21㎝、縦29.7㎝）の大きさの白紙を使用してください。パソコンのワード（Ｗｏｒｄ）、または、丁寧（ていねい）な字で書いて、出願書類「説明書（明細書）、説明図（図面）」にまとめてください。

書類は、必ず写し（コピー）を送ってください。

返信用（返信切手を貼付、郵便番号・住所、氏名を書いてください）の封筒、または、宛て名を印刷したシールも一緒に送ってください。

「1回（1件）体験相談」の諸費用は、返信用とは、別に1件、82円切手×6枚です。案内書「発明ライフ・入門（500円）」を贈呈いたします。

これは読者に対するサービスです。

私に、面接「1回（1件）体験相談（予約が必要）」を希望されるときは、相談に来られる前に、○○に関連した情報、先行技術（先願）を集めてください。関連の情報をコピーして持参してください。○○の作品の内容は、ＵＳＢメモリーに保存しておいてください。

〒162-0055 東京都新宿区余丁町7番1号

一般社団法人 発明学会 気付　中本 繁実あて

読者の皆様、貴重な時間を使って、本書を最後まで読んでいただきましてありがとうございました。心から、お礼申し上げます。

《著者略歴》

中本　繁実（なかもと・しげみ）

1953 年（昭和 28 年）長崎県西海市大瀬戸町生まれ。

長崎工業高校卒、工学院大学工学部卒、1979 年社団法人発明学会に入社し、現在は、会長。発明配達人として、講演、著作、テレビなどで「わかりやすい知的財産権の取り方・生かし方」、「わかりやすい特許出願書類の書き方」など、発明を企業に結びつけて製品化するための指導を行っている。初心者のかくれたアイデアを引き出し、たくみな図解力、軽妙洒脱な話力により、知的財産立国を目指す日本の発明最前線で活躍中。わかりやすい解説には定評がある。

座をなごませる進行役として、恋愛などのたとえばなし、言葉遊び（ダジャレ）を多用し、学生、受講生の意欲をたくみに引き出す講師（教師）として活躍している。洒落も、お酒も大好き。数多くの個人発明家に、成功ノウハウを伝授。発明・アイデアの指導の実績も豊富。

東京日曜発明学校校長、工学院大学非常勤講師、家では、非常勤お父さん。

がくぶん通信講座「アイデア商品開発講座」主任講師

日本経営協会　改善・提案研究会 関東本部 企画運営委員

著作家、出版プロデューサー、1 級テクニカルイラストレーション技能士。職業訓練指導員。

著書に『発明・アイデアの楽しみ方』（中央経済社）、『はじめて学ぶ知的財産権』（工学図書）、『発明に恋して一攫千金』（はまの出版）、『発明のすすめ』（勉誠出版）、『これでわかる立体図の描き方』（パワー社）、『誰にでもなれる発明お金持ち入門』（実業之日本社）、『はじめの一歩　一人で特許（実用新案・意匠・商標）の手続きをするならこの 1 冊　改訂版』（自由国民社）、『発明・特許への招待』（日本地域社会研究所）、『やさしい発明ビジネス入門』（日本地域社会研究所）、『マネされない地域・企業のブランド戦略』（日本地域社会研究所）、『発明魂』（日本地域社会研究所）、『知的財産権は誰でもとれる』（日本地域社会研究所）、『環境衛生工学の実践』（日本地域社会研究所）、『特許出願かんたん教科書』（中央経済社）、『発明で一攫千金』（宝島社）、『発明！ヒット商品の開発』（日本地域社会研究所）、『企業が求める発明・アイデアがよくわかる本』（日本地域社会研究所）など多数。

監修に『面白いほどよくわかる発明の世界史』（日本文芸社）、『売れるネーミングの商標出願法』（日本地域社会研究所）などがある。

監修／テキストの執筆に、がくぶん『アイデア商品開発講座』（通信教育）テキスト 6 冊がある。

やさしい改善・提案活動のアイデアの出し方

2018 年 12 月 31 日　第 1 刷発行

著　者　　中本繁実

発行者　　落合英秋

発行所　　株式会社 日本地域社会研究所

　　　　　〒 167-0043　東京都杉並区上荻 1-25-1

　　　　　TEL　(03)5397-1231(代表)

　　　　　FAX　(03)5397-1237

　　　　　メールアドレス　tps@n-chiken.com

　　　　　ホームページ　http://www.n-chiken.com

　　　　　郵便振替口座　00150-1-41143

印刷所　　モリモト印刷株式会社

©Nakamoto Shigemi　2018 Printed in Japan

落丁・乱丁本はお取り替えいたします。

ISBN978-4-89022-233-9

日本地域社会研究所の好評図書

不登校、ひとりじゃない 決してひとりで悩まないで！

特定非営利活動法人いばしょづくり編…「不登校」は特別なことではない。不登校サポートの現場から生まれた保護者や経験者・本人の体験談や前向きになれる支援者の熱いメッセージ＆ヒント集。

46判247頁／1800円

世界初！コンピュータウイルスを無力化するプログラム革命（LYEE）あらゆる電子機器の危機を解放する

根来文生著／関敏夫監修／エコハ出版編…世界的な問題になっているコンピュータウイルスが、なぜ存在するのかの原因に迫った40年間の研究成果。根本的な解決策を解き明かす待望の1冊。

A5判200頁／2500円

複雑性マネジメントとイノベーション ～生きとし生ける経営学～

野澤宗二郎著…企業が生き残り成長するには、関係性の深い異分野の動向と先進的成果を貪欲に吸収し、迅速に対処できる革新的仕組みづくりをめざすことだ。次なるビジネスモデル構築のための必読書。

46判254頁／1852円

国際結婚の社会学 アメリカ人妻の「鏡」に映った日本

三浦清一郎著…国際結婚は個人同士の結婚であると同時に、ふたりを育てた異なった文化間の「擦り合わせ」でもある。アメリカ人妻の言動が映し出す日本文化の特性を論じ、あわせて著者が垣間見たアメリカ文化を分析した話題の書。

46判170頁／1528円

農と食の王国シリーズ 柿の王国 ～信州・市田の干し柿のふるさと～

鈴木克也著／エコハ出版編…「市田の干し柿」は南信州の恵まれた自然・風土の中で育ち、日本の代表的な地域ブランドだ。「農と食の王国シリーズ」第1弾！

A5判114頁／1250円

超やさしい吹奏楽 ようこそ！ブラバンの世界へ

小髙臣彦著…吹奏楽の基礎知識から、楽器、運指、指揮法、移調…まで。イラスト付きでわかりやすくていねいに解説。吹奏楽を始める人、楽しむ人にうってつけの1冊！

A5判177頁／1800円

日本地域社会研究所の好評図書

農と食の王国シリーズ
山菜王国 ～おいしい日本菜生ビジネス～
中村信也・炭焼三太郎監修／ザ・コミュニティ編…地方創生×自然産業の時代！山村が甦る。特の風味・料理法も多彩な山菜の魅力に迫り、ふるさと自慢の山菜ビジネスの事例を紹介。「山菜検定」付き！大地の恵み・四季折々の独

A5判194頁／1852円

心身を磨く！美人カレッスン　いい女になる78のヒント
高田建司著…心と体のぜい肉をそぎ落とせば、誰でも知的美人になれる。それには日常の心掛けと努力が第一。玉も磨かざれば光なし。いい女になりたい人必読の書！

46判146頁／1400円

不登校、学校へ「行きなさい」という前に　～今、わたしたちにできること～
阿部伸一著…学校へ通っていない生徒を学習塾で指導し、保護者をカウンセリングする著者が、これからの可能性を大きく秘めた不登校の子どもたちや、その親たちに送る温かいメッセージ。

46判129頁／1360円

あさくさのちょうちん
木村昭平＝絵と文…活気・元気いっぱいの浅草。雷門の赤いちょうちんの中にすむ不思議な女と、おとうさんをさがすひとりぼっちの男の子の切ない物語。

B5判上製32頁／1470円

生涯学習まちづくりの人材育成　人こそ最大の地域資源である！
瀬沼克彰著…「今日用（教養）がない」「今日行く（教育）ところがない」といわないで、生涯学習に積極的に参加しよう。地域の活気・元気づくりの担い手を育て、みんなで明るい未来を拓こう！と呼びかける提言書。

46判329頁／2400円

石川啄木と宮沢賢治の人間学　ビールを飲む啄木×サイダーを飲む賢治
佐藤竜一著…東北が生んだ天才的詩人・歌人の石川啄木と国民的詩人・童話作家の宮沢賢治。異なる生き方と軌跡、そして共通点を持つふたりの作家を偲ぶ比較人物論！

46判173頁／1600円

─── 日本地域社会研究所の好評図書 ───

「消滅自治体」は都会の子が救う　地方創生の原理と方法

三浦清一郎著…もはや「待つ」時間は無い。地方創生の歯車を回したのは「消滅自治体」の公表である。発展は、企業誘致でも補助金でもなく、「義務教育の地方分散化」の制度化こそが大事と説く話題の書！日本国の均衡

46判116頁／1200円

歴史を刻む！街の写真館　山口典夫の人像歌

山口典夫著…大物政治家、芸術家から街の人まで…。肖像写真の第一人者、愛知県春日井市の写真家が撮り続けた作品の集大成。モノクロ写真の深みと迫力が歴史を物語る一冊。

A4判変型143頁／4800円

ピエロさんについていくと

金岡雅文／作・木村昭平／画…学校も先生も雪ぐみもきらいな少年が、まちをあるいているとピエロさんにあった。ついていくとふかいふかい森の中に。そこには大きなはこがあって、中にはいっぱいのきぐるみが…。

B5判32頁／1470円

新戦力！働こう年金族　シニアの元気がニッポンを支える

原忠男編著／中本繁実監修…長年培ってきた知識と経験を生かして、個ビジネス、アイデア・発明ビジネス、コミュニティ・ビジネス…で、世のため人のため自分のために、大いに働こう！第二の人生を謳歌する仲間からの体験記と応援メッセージ。

46判238頁／1700円

東日本大震災と子ども〜3・11あの日から何が変わったか〜

宮田美惠子著…あの日、あの時、子どもたちが語った言葉、そこに込められた思いを忘れない。筆者の記録をもとに、この先もやってくる震災に備え、考え、行動するための防災教育読本。震災後の子どもを見守った

A5判81頁／926円

ニッポンのお・み・や・げ　魅力ある日本のおみやげコンテスト2005年─2015年受賞作総覧

観光庁監修／日本地域社会研究所編…東京オリンピックへむけて日本が誇る土産物文化の総まとめ。おもてなしの逸品188点を一挙公開！全国各地から選ばれた、振興と訪日観光の促進のために。地域ブランドの

A5判130頁／1880円

日本地域社会研究所の好評図書

三浦清一郎著…人間は自然、教育は手入れ。子供は開墾前の田畑、退職者は休耕田。手入れを怠れば身体はガタガタ、精神はボケる。隠居文化が「社会参画」と「生涯現役」の妨げになっていることを厳しく指摘。

隠居文化と戦え　社会から離れず、楽をせず、健康寿命を延ばし、最後まで生き抜く
46判125頁／1360円

濱口晴彦編著…あなたは一人ではない。人と人がつながって、助け合い支え合う絆で結ばれたコミュニティがある。地域共同体・自治体経営のバイブルともいえる啓発の書！

コミュニティ学のススメ　ところ定まればこころ定まる
46判339頁／1852円

ごとむく・文／いわぶちゆい・絵…大地に根を張り大きく伸びていく木々、咲き誇る花々、そこには妖精（フェアリー）たちがいる。「自然と共に生きること」がこの絵本で伝えたいメッセージである。薄墨桜に平和への祈りを込めて、未来の子どもたちに贈る絵本！

癒しの木龍神様と愛のふるさと　～未来の子どもたちへ～
B5判上製40頁／1600円

北村麻菜著…俳優に教育は必要か。小劇場に立つ若者たちは演技指導を重視し、「教育不要」と主張する。取材をもとに、演劇という芸術を担う人材をいかに育てるべきかを解き明かす。俳優教育機関が乱立する中で、真に求められる教えとは何か。

現代俳優教育論　～教わらない俳優たち～
46判180頁／1528円

中本繁実著…アイデアひとつで誰でも稼げる。「頭」を使って「脳」を目覚めさせ、ロイヤリティー（特許実施料）で儲ける。得意な分野を活かして、地方創生・地域活性化を成功させよう！１億総発明家時代へ向けての指南書。

発明！ヒット商品の開発　アイデアに恋をして億万長者になろう！
46判288頁／2100円

炭焼三太郎・鈴木克也著…丹波山（たばやま）は山梨県の東北部に位置する山村である。本書は丹波山を訪れる人のガイドブックとすると同時に、丹波山の過去・現在・未来を総合的に考え、具体的な問題提起もあわせて収録。

観光立村！丹波山通行手形　都会人が山村の未来を切り拓く
46判159頁／1300円

日本地域社会研究所の好評図書

スマート経営のすすめ　ベンチャー精神とイノベーションで生き抜く！

野澤宗二郎著…変化とスピードの時代に、これまでのビジネススタイルでは適応できない。成功と失敗のパターンに学び、厳しい市場経済の荒波の中で生き抜くための戦略的経営術を説く！

46判207頁／1630円

みんなのミュージアム　人が集まる博物館・図書館をつくろう

塚原正彦著…未来を拓く知は、時空を超えた夢が集まった博物館と図書館から誕生している。ダーウィン、マルクスという知の巨人を育んだミュージアムの視点から未来のためのプロジェクトを構想した著者渾身の1冊。

46判249頁／1852円

文字絵本　ひらがないろは　普及版

東京学芸大学文字絵本研究会編…文字と色が学べる楽しい絵本！幼児・小学生向き。親や教師、芸術を学ぶ人、帰国子女、日本文化に興味がある外国人などのための本。

A4変型判上製54頁／1800円

ニッポン創生！　まち・ひと・しごと創りの総合戦略　～一億総活躍社会を切り拓く～

新井信裕著…経済の担い手である地域人財と中小企業の健全な育成を図り、レジリエンスコミュニティをつくるために、政界・官公界・労働界・産業界への提言書。

46判384頁／2700円

戦う終活　～短歌で啖呵～

三浦清一郎著…老いは戦いである。戦いは残念ながら「負けいくさ」になるだろうが、逆境に耐え、復元力・耐久力のあるレジリ、終活短歌が意味不明の八つ当りにならないように、晩年の主張や小さな感想を付加した著者会心の1冊！

46判122頁／1360円

レジリエンス経営のすすめ　～現代を生き抜く、強くしなやかな企業のあり方～

松田元著…キーワードは「ぶれない軸」と「柔軟性」。管理する経営から脱却し、自主性と柔軟な対応力をもつ"レジリエンス＝強くしなやかな"企業であるために必要なことは何か。真の「レジリエンス経営」をわかりやすく解説した話題の書！

A5判213頁／2100円

―― 日本地域社会研究所の好評図書 ――

関係　Between

三上宥起夫著…職業欄にその他とも書けない、裏稼業の人々の、複雑怪奇な「関係」を飄々と描く。寺山修司を師と仰ぐ三上宥起夫の書き下ろし小説集！

46判189頁／1600円

黄門様ゆかりの小石川後楽園博物志
天下の名園を愉しむ！

本多忠夫著…天下の副将軍・水戸光圀公ゆかりの大名庭園で、国の特別史跡・特別名勝に指定されている小石川後楽園の歴史と魅力をたっぷり紹介！　水戸観光協会・文京区観光協会推薦の1冊。

46判424頁／3241円

年中行事えほん　もちくんのおもちつき

やまぐちひでき・絵／たかぎのりこ・文…神様のために始められた行事が餅つきである。ハレの日や節句などの年中行事に用いられる餅のことや　鏡餅の飾り方など大人にも役立つおもち解説つき！

A4変型判上製32頁／1400円

中小企業診断士必携！　コンサルティング・ビジネス虎の巻
～マイコンテンツづくりマニュアル～

アイ・コンサルティング協同組合編／新井信裕ほか著…「民間の者」としての診断士ここにあり！　経営改革ツールを創出し、中小企業を支援するビジネスモデルづくりをめざす。中小企業に的確で実現確度の高い助言を行なうための学びの書。

A5判188頁／2000円

子育て・孫育ての忘れ物　～必要なのは「さじ加減」です～

三浦清一郎著…戦前世代には助け合いや我慢を教える「貧乏」という先生がいた。今の親世代に、豊かな時代の子ども育て・しつけのあり方をわかりやすく説く。こども教育読本ともいえる待望の書。

46判167頁／1480円

スマホ片手にお遍路旅日記
四国八十八カ所＋別格二十カ所　霊場めぐりガイド

諸原潔著…八十八カ所に加え、別格二十カ所で煩悩の数と同じ百八カ所。金剛杖をついて弘法大師様と同行二人の歩き遍路旅。実際に歩いた人しかわからない、おすすめのルートも収録。初めてのお遍路旅にも役立つ四国の魅力がいっぱい。

46判259頁／1852円

──── 日本地域社会研究所の好評図書 ────

教育小咄　～笑って、許して～

三浦清一郎著…活字離れと、固い話が嫌われるご時世。高齢者教育・男女共同参画教育・青少年教育の3分野で、生涯学習・社会システム研究者が、ちょっと笑えるユニークな教育論を展開！

46判179頁／1600円

※表示価格はすべて本体価格です。別途、消費税が加算されます。

防災学習読本　大震災に備える！

坂井知志・小沼涼編著…2020年東京オリンピックの日に大地震が起きたらどうするかために今の防災教育は十分とはいえない。非常時に助け合う関係をつくるための学生と紡いだ物語。震災の記憶を風化させない

46判103頁／926円

地域活動の時代を拓く　コミュニティづくりのコーディネーター×サポーターの実践事例

みんなで本を出そう会編…老若男女がコミュニティと共に生きるためには？　共創・協働の人づくり・まちづくりと生きがいづくりを提言。みんなで本を出そう会の第2弾！

46判354頁／2500円

コミュニティ手帳　都市生活者のための緩やかな共同体づくり

落合英秋・鈴木克也・本多忠夫著／ザ・コミュニティ編…人と人をつなぎ地域を活性化するために、「地域創生」と新しいコミュニティづくりの必要性を説く。みんなが地域で生きる時代の必携書！

46判124頁／1200円

詩歌自分史のすすめ ──不帰春秋片想い──

三浦清一郎著…人生の軌跡や折々の感慨を詩歌に託して書き記す。不出来でも思いの丈が通じれば上出来。人は死んでも「紙の墓標」は残る。大いに書くべし！

46判149頁／1480円

成功する発明・知財ビジネス　未来を先取りする知的財産戦略

中本繁実著…お金も使わず、タダの「頭」と「脳」を使うだけ。得意な経験と知識を生かし、趣味を実益につなげる。ワクワク未来を創る発明家を育てたいと、発明学会会長が説く「サクセス発明道」。

46判248頁／1800円